SECRET PLACES LONDON

SECRET
PLACES
LONDON
Traumhafte Orte abseits des Trubels
Barbara Geier
BRUCKMANN

INHALT

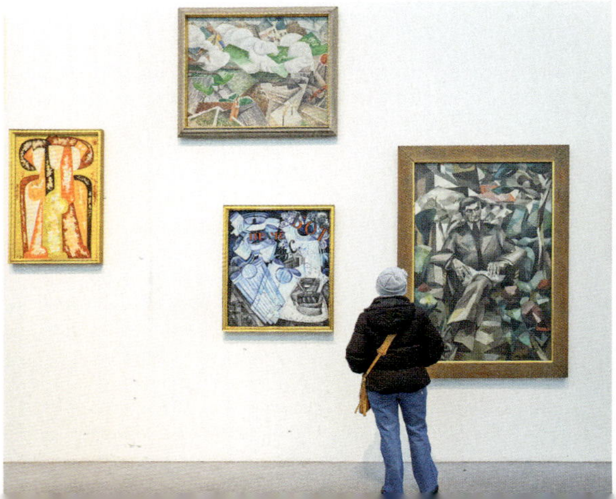

↑ Grandioses Panorama an der Westminster Bridge
↓ Von links nach rechts: Mercato Metropolitano Mayfair – Streetfood in heiligen Hallen; Vorteil London: Große Kunst kostet nichts – wie hier in der Tate Modern; im East End schlägt das Herz der Streetart-Szene; der Pop-up Serpentine Gallery Pavilion in Kensington Gardens sieht jedes Jahr anders aus; Borough Market – Dauerbrenner am Südufer der Themse

SÜDEN 90

OSTEN 118

NORDEN 140

↑ Besondere Londoner Community: das jährliche Festival der Kanal-Hausboote in Little Venice
↓ Von links nach rechts: London ohne Harrods? Für Shoppingfans undenkbar; Neal's Yard – Covent-Garden-Kleinod zwischen Monmouth Street and Short Gardens; in Mayfair treffen sich Franklin D. Roosevelt und Winston Churchill auf einen Plausch; typisch London: nach der Arbeit kurz ins Pub, hier das Horniman auf der Southbank; bunte Portobello Road

THEMENVERZEICHNIS

KUNST & KULTUR

PARKS & GÄRTEN

ARCHITEKTUR & DESIGN

↑ Von links nach rechts: Feines London – in Mayfair bummelt es sich schick; Mensch trifft Tier in Richmond Park; bunt und trubelig: London ist eine Stadt der Märkte; Farbenspiele in Richmond Parks Isabella Plantation

STADTTEILTOUREN

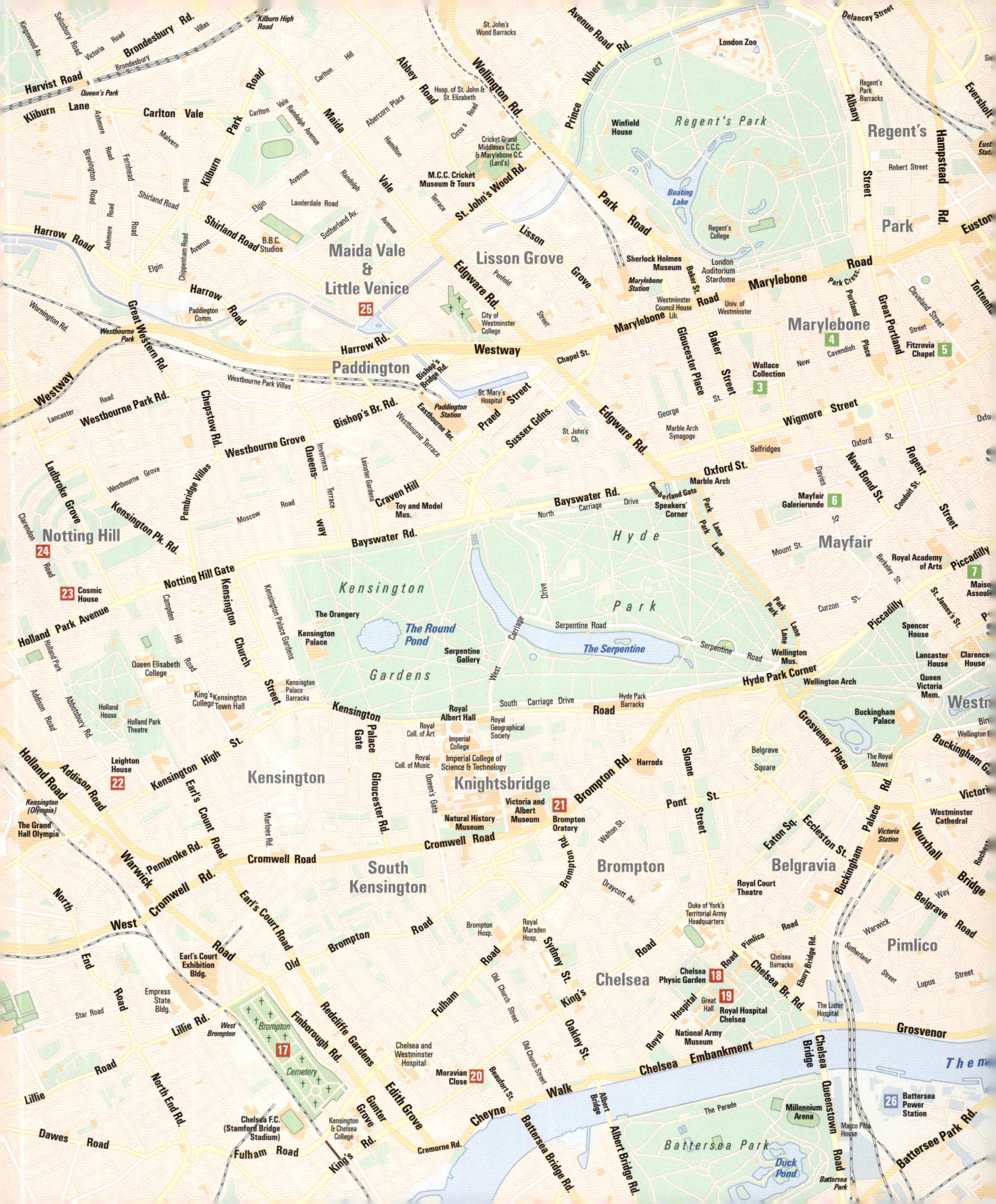

Kilburn High Road
Brondesbury Rd.
Brondesbury Villas
Salusbury Road
Kingswood Av.
Victoria Road
Harvist Road
Queen's Park
Kilburn Lane
Carlton Vale
Carlton Hill
Abbey Road
St. John's Wood Barracks
Avenue Road
Wellington Rd.
Hosp. of St. John & St. Elizabeth
Abercorn Place
Circus Road
Hamilton Terrace
Cricket Grand Middlesex C.C.C. & Marylebone C.C. (Lord's)
M.C.C. Cricket Museum & Tours
St. John's Wood Rd.
Prince Albert Road
London Zoo
Delancey Street
Regent's Park Barracks
Albany Street
Eversholt St.
Euston Station
Winfield House
Regent's Park
Boating Lake
Regent's College
Park Road
Regent's Park
Robert Street
Hampstead Rd.
Euston
Kilburn Park Road
Randolph Avenue
Maida Vale
Randolph Avenue
Elgin Avenue
Lauderdale Road
Sutherland Av.
Shirland Road
B.B.C. Studios
Ashmore Road
Malvern Road
Bravington Road
Fernhead Road
Harrow Road
Chippenham Road
Elgin Avenue
Maida Vale & Little Venice
25
Lisson Grove
Penfold Street
Edgware Rd.
City of Westminster College
Sherlock Holmes Museum
Marylebone Station
Baker St.
London Auditorium Stardome
Westminster Council House Lib.
Marylebone Road
Univ. of Westminster
Park Cresc.
Portland Place
Great Portland Street
Cleveland Street
Tottenham
Marylebone
4
Fitzrovia Chapel
5
Wornington Rd.
Westbourne Park
Great Western Rd.
Paddington Comm.
Harrow Rd.
Westway
Paddington
Bishop's Bridge Rd.
Chapel St.
Gloucester Place
Baker Street
Wallace Collection
3
New Cavendish Street
Westway
Lancaster Road
Westbourne Park Rd.
Westbourne Park Villas
Chepstow Rd.
Westbourne Grove
Bishop's Br. Rd.
Paddington Station
Westbourne Terrace
St. Mary's Hospital
Praed Street
Sussex Gdns.
St. John's Ch.
Edgware Rd.
George St.
Marble Arch Synagogue
Wigmore Street
Oxford St.
Selfridges
Oxford St.
Regent Street
Ladbroke Grove
Westbourne Grove
Pembridge Villas
Queensway
Inverness Terrace
Leinster Gardens
Craven Hill
Toy and Model Mus.
Kensington Pk. Rd.
Moscow Road
Bayswater Rd.
North Carriage Drive
Cumberland Gate
Marble Arch
Speakers' Corner
Park Lane
New Bond St.
Davies St.
Conduit St.
Mayfair Galerierunde
6
Clarendon Road
Notting Hill
24
Bayswater Rd.
Hyde Park
Mount St.
Mayfair
Berkeley St.
Royal Academy of Arts
Piccadilly
7
Maison Assoul
Cosmic House
23
Notting Hill Gate
Kensington Church Street
Kensington Palace Gardens
Kensington Gardens
Drive
Holland Park Avenue
Campden Hill Road
The Orangery
Kensington Palace
The Round Pond
Serpentine Gallery
West Carriage Drive
Serpentine Road
The Serpentine
Serpentine Road
Curzon St.
Piccadilly
St. James's St.
Spencer House
Lancaster House
Clarence House
Queen Victoria Mem.
Wellington Mus.
Hyde Park Corner
Wellington Arch
Holland Park
Queen Elisabeth College
Addison Road
Abbotsbury Rd.
Holland House
Holland Park Theatre
King's College
Kensington Town Hall
Kensington Palace Barracks
Kensington Road
South Carriage Drive
Royal Albert Hall
Hyde Park Barracks
Royal Coll. of Art
Royal Geographical Society
Imperial College
Royal Coll. of Music
Imperial College of Science & Technology
Palace Gate
Gloucester Rd.
Queen's Gate
Knightsbridge
Brompton Rd.
Harrods
Sloane Street
Belgrave Square
Grosvenor Place
Buckingham Palace
The Royal Mews
Buckingham Gate
Victoria
Westminster
Holland Road
Addison Road
Leighton House
22
Kensington High St.
Earl's Court Road
Kensington
Marloes Rd.
Victoria and Albert Museum
21
Brompton Oratory
Natural History Museum
Cromwell Road
Pont St.
Walton St.
Eaton Sq.
Eccleston St.
Palace Rd.
Victoria Station
Vauxhall Bridge Road
Westminster Cathedral
Kensington (Olympia)
The Grand Hall Olympia
Warwick Road
Pembroke Rd.
Cromwell Road
Cromwell Rd.
South Kensington
Brompton Rd.
Brompton
Draycott Av.
Belgravia
Buckingham Palace Road
Royal Court Theatre
North End Road
West Cromwell Rd.
Earl's Court Road
Old Brompton Road
Brompton Hosp.
Royal Marsden Hosp.
Sydney St.
Duke of York's Territorial Army Headquarters
Pimlico Road
Belgrave Road
Warwick Way
Pimlico
Earl's Court Exhibition Bldg.
Fulham Road
Old Church Street
King's Road
Chelsea
Chelsea Physic Garden
18
Chelsea Barracks
Chelsea Br. Rd.
Ebury Bridge Rd.
Sutherland Street
Lupus Street
Empress State Bldg.
Star Road
Lillie Rd.
West Brompton
Brompton Cemetery
17
Finborough Rd.
Redcliffe Gardens
Chelsea and Westminster Hospital
Oakley St.
Royal Hospital Road
Great Hall
19
Royal Hospital Chelsea
National Army Museum
The Lister Hospital
Grosvenor Road
Chelsea Bridge
Chelsea Embankment
Thames
Lillie Road
North End Rd.
Edith Grove
Moravian Close
20
Beaufort St.
Old Church Street
Cheyne Walk
Albert Bridge
The Parade
Millennium Arena
Queenstown Road
Battersea Power Station
26
Dawes Road
Chelsea F.C. (Stamford Bridge Stadium)
Fulham Road
Kensington & Chelsea College
Gunter Grove
King's Rd.
Cremorne Rd.
Battersea Bridge Rd.
Albert Bridge Rd.
Battersea Park
Duck Pond
Marco Polo House
Battersea Park
Battersea Park Rd.

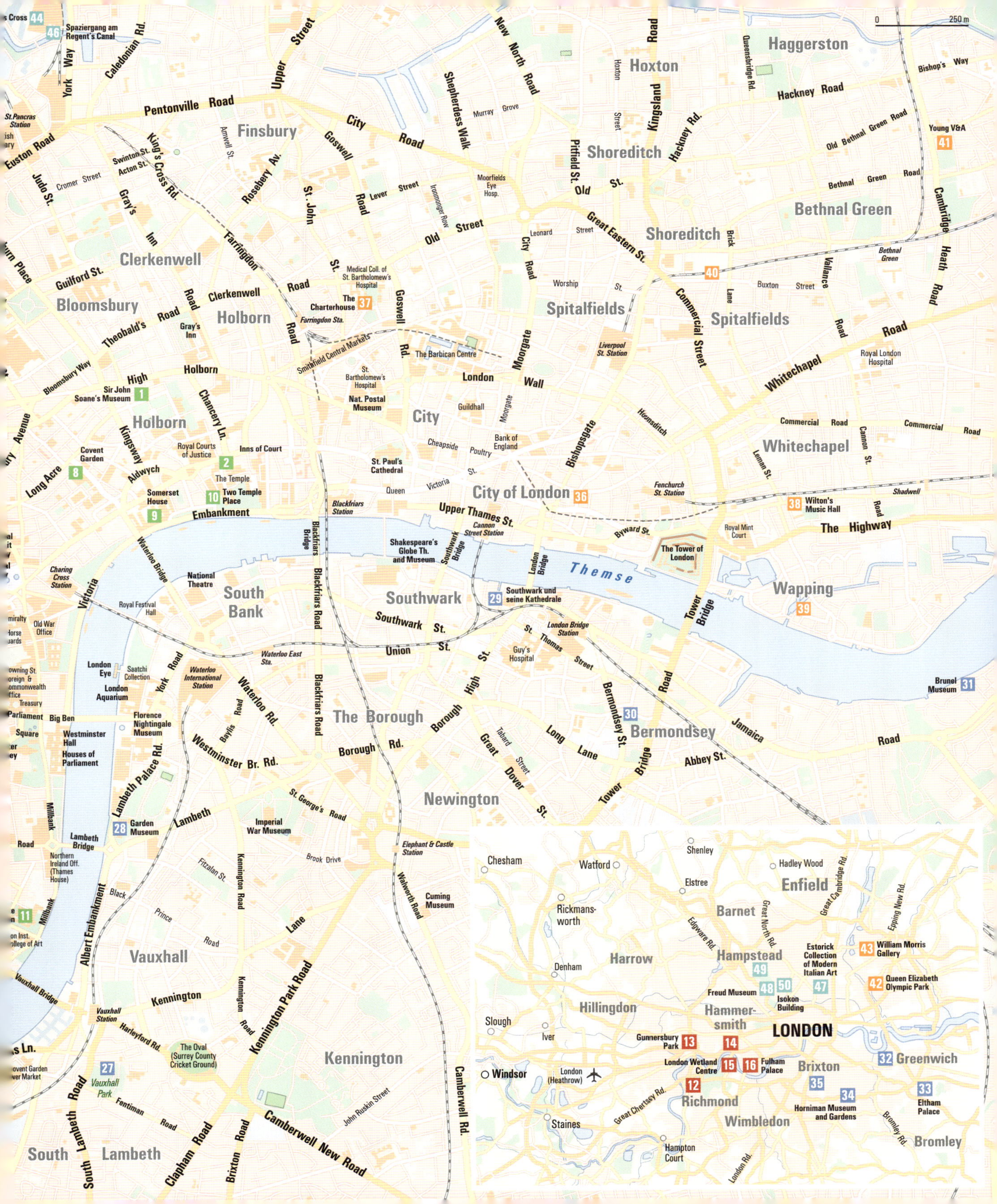

0
250 m
Cross 44
46 Spaziergang am Regent's Canal
Caledonian Rd.
York Way
Upper Street
New North Road
Road
Haggerston
Hoxton
Kingsland
Queensbridge Rd.
Hackney Road
Bishop's Way
St. Pancras Station
Pentonville Road
Finsbury
City Road
Shepherdess Walk
Murray Grove
Hoxton Street
Pitfield St.
Shoreditch
Hackney Rd.
Old Bethnal Green Road
Young V&A 41
Euston Road
Judd St.
Cromer Street
Swinton St.
Acton St.
King's Cross Rd.
Amwell St.
Rosebery Av.
Goswell Road
St. John St.
Lever Street
Ironmonger Row
Moorfields Eye Hosp.
Old Street
Old St.
Great Eastern St.
Bethnal Green Road
Bethnal Green
Cambridge Heath Road
Gray's Inn Road
Clerkenwell
Farringdon Road
Medical Coll. of St. Bartholomew's Hospital
Leonard Street
City Road
Shoreditch
Brick Lane
Bethnal Green
Guilford St.
40
Vallance Road
Buxton Street
Worship St.
Bloomsbury
Clerkenwell Road
Theobald's Road
Holborn
The Charterhouse 37
Farringdon Sta.
Goswell Rd.
Spitalfields
Commercial Street
Spitalfields
Gray's Inn
Smithfield Central Markets
The Barbican Centre
Moorgate
Liverpool St. Station
Road
Bloomsbury Way
High Holborn
Sir John Soane's Museum 1
Chancery Ln.
St. Bartholomew's Hospital
London Wall
Whitechapel Road
Royal London Hospital
Nat. Postal Museum
City
Guildhall
Moorgate
Houndsditch
Holborn
Kingsway
Commercial Road
Commercial Road
Avenue
Covent Garden 8
Royal Courts of Justice
Inns of Court
Bank of England
Bishopsgate
Whitechapel
Cannon St.
Long Acre
Aldwych
2
The Temple
Cheapside
Poultry
St. Paul's Cathedral
Leman St.
Somerset House 9
10 Two Temple Place
Queen Victoria St.
City of London 36
Fenchurch St. Station
Shadwell
Embankment
Blackfriars Station
Upper Thames St.
38 Wilton's Music Hall
Road
Cannon Street Station
Byward St.
Royal Mint Court
The Highway
Blackfriars Bridge
Shakespeare's Globe Th. and Museum
Southwark Bridge
London Bridge
The Tower of London
Waterloo Bridge
Themse
Charing Cross Station
National Theatre
South Bank
Blackfriars Road
Southwark
Southwark und seine Kathedrale 29
Wapping 39
Tower Bridge
Victoria
Royal Festival Hall
Southwark St.
London Bridge Station
St. Thomas Street
Old War Office
Waterloo East Sta.
Union St.
Guy's Hospital
London Eye
Saatchi Collection
York Road
Waterloo International Station
High St.
Road
Brunel Museum 31
London Aquarium
Waterloo Rd.
Bermondsey St. 30
Treasury
Parliament Square
Big Ben
Westminster Hall
Houses of Parliament
Florence Nightingale Museum
Baylis Road
The Borough
Borough High St.
Long Lane
Bermondsey
Jamaica Road
Westminster Br. Rd.
Borough Rd.
Tabard Street
Great Dover St.
Tower Bridge
Abbey St.
Lambeth Palace Rd.
Millbank
St. George's Road
Newington
Road
Lambeth Bridge
28 Garden Museum
Lambeth
Imperial War Museum
Elephant & Castle Station
Northern Ireland Off. (Thames House)
Brook Drive
Fitzalan St.
Kennington Road
Walworth Road
Cuming Museum
11
Black Prince Road
Albert Embankment
Lane
Vauxhall
Kennington Lane
Vauxhall Bridge
Vauxhall Station
Harleyford Rd.
Kennington Park Road
Kennington Road
The Oval (Surrey County Cricket Ground)
Kennington
Camberwell Rd.
27
Vauxhall Park
Fentiman Road
John Ruskin Street
South Lambeth Road
Clapham Road
Brixton Road
Camberwell New Road
South Lambeth
Chesham
Watford
Shenley
Hadley Wood
Elstree
Enfield
Rickmansworth
Barnet
Great North Rd.
Great Cambridge Rd.
Epping New Rd.
Edgware Rd.
Harrow
Hampstead
Estorick Collection of Modern Italian Art 47
43 William Morris Gallery
Denham
49
48 50
Freud Museum
42 Queen Elizabeth Olympic Park
Hillingdon
Hammersmith
Isokon Building
Slough
Iver
Gunnersbury Park 13
14
LONDON
London Wetland Centre 15
16 Fulham Palace
Brixton
32 Greenwich
Windsor
London (Heathrow)
12
35
33
Richmond
34
Eltham Palace
Great Chertsey Rd.
Horniman Museum and Gardens
Staines
Wimbledon
Bromley Rd.
Bromley
Hampton Court
London Rd.

Jacob, das bronzene Zugpferd, erinnert im Shad-Thames-Speicherhausviertel an die Rolle der Tiere bei der Bierauslieferung einer Brauerei, die hier im 19. Jahrhundert operierte.

JEDE MENGE WISSENSWERTES

Kulturhochburg, Geburtsort von Musik- und Modetrends und voller Traditionen: London fasziniert jedes Jahr Millionen Besucher – mit Zeugnissen einer 2000 Jahre alten Geschichte und als ein Ort, an dem sich die ganze Welt auf einer Insel im Norden Europas trifft.

STECKBRIEF LONDON

Rund **9,7 Millionen Menschen** leben in London. Die Stadt erstreckt sich im Südwesten Großbritanniens auf dem Breitengrad 51.5072 und Längengrad -0.1275 auf 45 Kilometern Länge nördlich und südlich der Themse. Der Nullmeridian führt durch die Sternwarte Royal Greenwich Observatory im Südosten. Mit einer Fläche von **1572 Quadratkilometern** ist die Metropole fast doppelt so groß wie Berlin. London ist in **32 Bezirke** *(boroughs)* eingeteilt, inklusive der City of Westminster, zu der das Gros des Stadtzentrums gehört. Die City of London als historisches Zentrum hat verwaltungstechnisch einen Sonderstatus mit eigenem Bürgermeister.

59 MILLIONEN

Gästeübernachtungen verzeichnete die britische Hauptstadt 2022, was sie nach dieser Kennzahl zum beliebtesten europäischen Städtereiseziel macht – vor Paris, Londons großem »Konkurrenten« in diesem Segment.

BEVÖLKERUNG

London spricht mehr als 300 Sprachen. Über 40 Prozent der Bevölkerung ist im Ausland geboren. Ab den 1950er-Jahren kamen viele Menschen aus den ehemaligen Kolonien nach London, insbesondere in den späten 1990er- und frühen 2000er-Jahren gab es eine große europäische Einwanderungswelle. Die wichtigsten Minderheiten sind *Asian* bzw. *Asian British* (Indien, Pakistan, Bangladesch) und *Black* bzw. *Black British* (Afrika, Karibik).

SEIT 1863

rattert die *tube* durch die Stadt. London hat damit das älteste Metrosystem der Welt. Elf Linien gibt es, die 402 Kilometer abdecken und 272 Bahnhöfe bedienen. Wichtigste Regel für Besucher: Auf den Rolltreppen herrscht das Prinzip »rechts stehen, links gehen«.

KULTUR, KULTUR, KULTUR

Welches der rund 200 Museen soll es sein? In London haben Kulturreisende die Qual der Wahl. Wichtig zu wissen: Die staatlichen Museen sind – mit Ausnahme der Sonderausstellungen – alle kostenlos, viele der kleineren Häuser ebenso.

DIE STADT ALS NATIONALPARK

2019 wurde London von der National Park City Foundation zur ersten Nationalparkstadt der Welt ernannt. Fast 50 Prozent der Fläche ist grün oder blau – mit 3000 öffentlichen Parks, Schrebergärten, Straßen- und Dachbegrünung und viel Wasser in Form von Themse, Kanälen und Teichen.

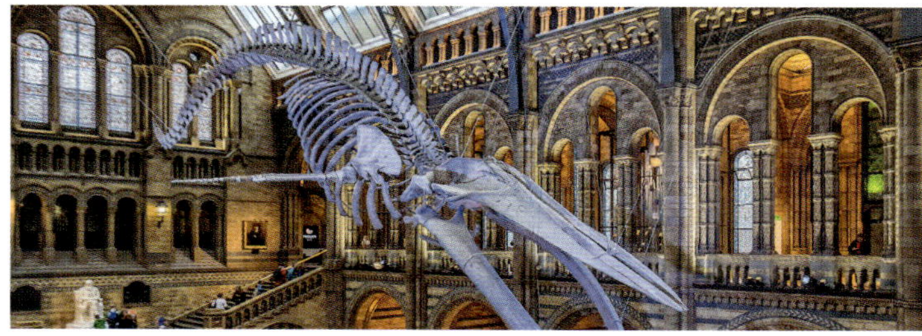

9 VON 10

der meistbesuchten Touristenattraktionen Großbritanniens befinden sich in London. Auf Platz eins und zwei: das British Museum und das Natural History Museum mit gut 5,8 bzw. 5,7 Millionen Besuchern. Weitere Top-Spots: Tate Modern, Southbank Centre, Victoria & Albert Museum und National Gallery.

1000 BLAUE GEDENKTAFELN

an Häusern jeder Art erinnern in London an bedeutende Menschen, die dort gelebt oder gearbeitet haben. Das 1866 ins Leben gerufene System gilt als das älteste seiner Art weltweit, und dank der *blue plaques* wissen wir zum Beispiel, dass Händel und Jimi Hendrix über Jahrhunderte getrennt Nachbarn in London waren.

78 MICHELIN-STERNE-RESTAURANTS

erlauben in London kulinarische Hochgenüsse. Noch besser: Die Stadt hat sich in den letzten Jahrzehnten zu einem Zentrum der internationalen Foodie-Szene entwickelt – mit einer enormen Vielfalt an Optionen, lecker zu essen. Das multikulturelle London bietet jede erdenkliche Küche der Welt. An erster Stelle stehen Tausende von indischen Restaurants. In den letzten 20 Jahren hat die Stadt zudem eine wahre Streetfood- und Food-Truck-Revolution erlebt. Um den Preis für die beste Location wetteifert etwa der Mercato Metropolitano Mayfair in einer ehemaligen Kirche. Einfach ausprobieren!

VORWORT

DIE GANZE WELT IN EINER STADT

London – die Stadt, in der einem das Leben gnadenlos um die Ohren schlägt; die bei Regen und Wind der ungemütlichste Ort der Welt ist und die in der Sonne strahlt wie keine andere. Eine verrückte, eine grandiose Metropole – und ein Mekka für neugierige Stadtflaneure, die mit vielfältigen urbanen Entdeckungen belohnt werden.

London ist ein Besuchermagnet. 2023 wurden um die 19 Millionen ausländische Gäste gezählt. Buckingham Palace, der Tower, Big Ben, Westminster Abbey, die Changing-of-the-Guard-Zeremonie; jeder will die weltbekannten Sehenswürdigkeiten und historischen Attraktionen zu Gesicht bekommen. Was viele bei ihren meist auf ein Wochenende beschränkten Kurzbesuchen übersehen, ist das eigentliche London: eine von den Römern gegründete Stadt mit einer 2000 Jahre alten Geschichte, die um einen Kern am Ostrand des heutigen Zentrums über Jahrhunderte aus einer Reihe kleiner Dörfer zu einer Megalopolis zusammengewachsen ist. Was einst eigenständige Gemeinden waren, sind jetzt *neighbourhoods*, die ihren eigenen Charakter bewahrt haben und von Westen nach Osten und Norden nach Süden sehr verschiedenartig sind.

Historische Vielfalt und urbane Neuerfindung

London ist Europas einzige wirklich kosmopolitische Stadt, die Menschen aus aller Welt aufnimmt – gleichmütig und ohne viel Aufhebens darum zu machen. Jeder kann Londoner werden, und London macht es niemandem einfach. Die Mega-Stadt erfindet sich ständig neu. Es wird gebaut ohne Ende, und futuristische Hochhaustürme wachsen vielerorts in die Skyline. Gleichzeitig – und das ist typisch für London – behält trotz aller Innovationen Historisches seinen Platz: Eine als St. Paul's Heights bekannte Regel schützt die Aussicht auf die St. Paul's Cathedral mit ihrer grandiosen Kuppel und schränkt den Bau von Wolkenkratzern an bestimmten Stellen ein. Daher erkennt man das berühmte Wahrzeichen Londons von allen möglichen und unerwarteten Orten, selbst wenn man meilenweit entfernt ist.
Was die Stadt für Besucher so spannend macht, sind die vielen Zeugnisse ihrer langen Geschichte. Neben den unübersehbaren Monumenten und weltbekannten Museen von British Museum bis Tate Modern finden neugierige Stadtspaziergänger Unerwartetes und verborgene Schätze: Das Kuriositäten-Kabinett eines Stararchitekten des 18. und 19. Jahrhunderts entführt in die wundersame Welt eines Visionärs; eine der erlesensten europäischen Kunstsammlungen versteckt sich in einem Anwesen unweit der Shoppinghölle Oxford Street; ein uraltes Juristenviertel lädt zum Schlendern abseits des Stadtrummels ein.

Herrliche Grünanlagen verbergen sich hinter historischen Anwesen, wie einem Bischofspalast am Themseufer. Überhaupt: Die Parks und Gärten Londons bieten urbanen Flaneuren die schönsten Momente, sei es ein Lavendelgarten, ein jahrhundertealter Apothekergarten, ein grüner Aussichtshügel oder ein Dachgarten für Cocktails an der Themse. Wer sich für Architektur interessiert, findet hinter der klassischen Fassade einer Villa aus dem 19. Jahrhundert eine postmoderne Designexplosion, stößt zwischen konservativen Stadthäusern auf eine Bauhaus-Ikone und wird die Neuerfindung monumentaler Industriemonumente bestaunen.

Ganz egal, was Sie sich auf Ihre Agenda schreiben: Genießen Sie die Vielfalt und das große, wunderbare Durcheinander Londons. Gehen Sie dafür so viel wie möglich zu Fuß, denn nur so lernt man die Stadt wirklich kennen. Biegen Sie bei jeder Gelegenheit von den Hauptstraßen ab und machen Sie ihre ganz eigenen Entdeckungen und erwarten Sie alles und wundern Sie sich über nichts. Kurz gesagt: Werden Sie einfach vorübergehend zu einem Londoner.

← Blumendekorierte Fassaden, Blumen an Laternen, Blumen im Park: London blüht ausgiebig.
↑ Eingang zum Lambeth Palace, der Londoner Residenz des Erzbischofs von Canterbury
↗ London-Panorama mit der Kult-Kuppel von St. Paul's – Blick von der Hungerford Bridge

UNSER NACHHALTIGKEITSKODEX

Die Welt birgt viele Wunder, Abenteuer und spektakuläre Aussichten, die wir gerne erkunden möchten. Doch sie ist auch leicht aus dem Gleichgewicht zu bringen. Hier ein paar Tipps, wie wir unsere Welt nachhaltig entdecken können:

- **Die Hauptsaison meiden:** Wenn wir nicht gerade auf die Ferienzeiten angewiesen sind, können wir der Umwelt einen großen Gefallen tun, indem wir in der Nebensaison verreisen. Damit tragen wir zu einer gleichmäßigeren Auslastung der Umwelt und der Infrastruktur bei, und der Urlaub wird dazu auch noch wesentlich entspannter.

- **Die Aufenthaltsdauer dem Reiseziel anpassen:** Je weiter das Reiseziel ist, desto länger sollte der Aufenthalt sein. Dadurch lernen wir die Region nicht nur intensiver kennen, sondern stärken sie ganz nebenbei noch durch unsere Ausgaben vor Ort. Anfahrtsintensive Tagesausflüge sollten besser vermieden werden, das bedeutet nur Stress, sowohl für die Umwelt als auch für uns selbst.

- **Auf umweltschonende Verkehrsmittel setzen:** Wo es möglich ist, reisen wir mit öffentlichen Verkehrsmitteln an. Das reduziert nicht nur die Luftverschmutzung, sondern schont auch unsere Nerven. Falls das nicht geht, helfen verschiedenste Plattformen dabei, den CO_2-Ausstoß auszugleichen, vor allem, wenn das gewünschte Reiseziel nur mit dem Flugzeug zu erreichen ist.

- **Nur dort parken und campen, wo es erlaubt ist:** Selbst, wenn wir uns noch so vorbildlich verhalten und unseren Aufenthaltsort so hinterlassen, wie wir ihn vorgefunden haben, stören wir den Lebensraum von Wildtieren und hinterlassen Spuren und Gerüche. Auch Lagerfeuer entzünden wir ausschließlich an den dafür vorgesehenen Stellen und achten dabei auf Waldbrandstufen und Naturschutzgebiete.

- **Ressourcen gewissenhaft nutzen:** Manche Umweltressourcen sind bereits knapp, endlich sind auf jeden Fall alle. Um sie zu schonen, sollten wir sparsam mit ihnen umgehen, gerade in Gegenden, in denen zum Beispiel Wasser oder Strom nicht im Überfluss vorhanden sind.

- **Ein guter Gast sein:** Nachhaltig unsere Umgebung zu erkunden bedeutet auch, der hiesigen Flora und Fauna mit Respekt zu begegnen. Pflanzen sollten auf keinen Fall gepflückt werden, aber sie stehen uns bestimmt gerne Modell für das eine oder andere Foto. Das Gleiche gilt für wilde Tiere: Wir füttern sie nicht, halten Abstand und beobachten sie aus der Ferne.

- **Auf den Wegen bleiben:** Wer die vorgegebenen Wege verlässt, dringt nicht nur in die Rückzugsräume heimischer Arten ein, sondern trägt auch dazu bei, dass sich neue Wege bilden, was zur Erosion des Bodens führt.

- **Abfall wieder mitnehmen:** Plastikverpackungen jeglicher Art, Dosen, Flaschen und Papiertaschentücher (es dauert Jahre, bis sich ein einzelnes Taschentuch vollständig abgebaut hat!) gehören nicht in die Natur, sondern artgerecht entsorgt. Am besten gleich eine wiederverwendbare Brotdose oder Trinkflasche mitnehmen. Dazu zählen natürlich auch Toilettenpapier und der Inhalt von (Chemie-)Toiletten. Entsprechende Entsorgungsstationen finden sich überall.

- **Lokal kaufen:** Dadurch lernen wir Land und Leute besser kennen und unterstützen die regionale Wirtschaft, außerdem sind regionale Produkte meist auch preisgünstiger und qualitativ hochwertiger.

So wie wir die Umwelt respektieren, wollen wir auch unseren Mitmenschen und deren Kultur Respekt entgegenbringen, gerade im Hinblick auf deren Traditionen, Religion oder typische Gebräuche. So können ein Lächeln oder ein paar Worte in der Landessprache Berge versetzen!

London kann Frühling: Parks, hier Greenwich Park, und Straßen im Magnolien- und Kirschblütenrausch.

Stand for 2 Taxis

ZENTRUM

Kunstspaziergänge, exzentrische Kuriositäten und urbane Shoppinggassen

Gepflegtes Schlendern? Kein Problem in Londons feinem Stadtteil Mayfair.

1

SIR JOHN SOANE'S MUSEUM

SCHATZKISTE EINES EXZENTRIKERS

Ob Canaletto-Gemälde, ein Sarkophag oder Korkmodelle antiker Strukturen: Im ehemaligen Wohnhaus eines Stararchitekten der Regency-Ära tauchen neugierige Stadtwanderer tief in eine wundersame, fantasievolle Welt ein, die genau das passende Gegenstück zur Realität des 21. Jahrhunderts darstellt.

Was kann Großbritannien besonders gut? Genau, Exzentriker. So zumindest das Klischee, in dem ein großes Körnchen Wahrheit steckt. Wer mit offenen Augen durch London läuft, wird sie immer wieder sehen: die Spuren dieser Menschen mit dem etwas anderen Blick auf die Welt. Wie zum Beispiel im Stadtteil Holborn am Nordende des Lincoln's Inn Fields Park. Hier, im uralten Londoner Anwaltsviertel, erhebt sich das Haus des Architekten Sir John Soane (1753–1837), der für seine ungewöhnlichen Interpretationen des klassizistischen

Stils bekannt ist. Der Brite gilt als einer der originellsten europäischen Architekten seiner Zeit und hat noch heute in der internationalen Architektur- und Designszene Fans, die ihn für einen der ersten Modernisten halten und gerne zu seinem Wohnhaus in London pilgern.

Eng, verwinkelt und voller Ein- und Ausblicke

Das Haus ist heute eines der ungewöhnlichsten Museen der Stadt und wurde vom Meister selbst noch zu seinen Lebzeiten detailliert geplant. Soanes Wunsch: Nach seinem Tod sollte sein Wohnhaus der Öffentlichkeit kostenlos als Museum zugänglich gemacht werden. Dafür sorgte 1833 ein privates Parlamentsgesetz. Zuvor hatte er zwischen 1792 und 1823 am Lincoln's Inn Fields drei benachbarte georgianische Häuser erworben und umgebaut. Neben der Bank of England und der Dulwich Picture Gallery sind sie in London die prominentesten Beispiele seiner architektonischen Arbeit – und das Zuhause einer umfangreichen Sammlung von Kunst und Antiquitäten. Besucher tauchen ein in eine Schatzkiste eklektischer Objekte, flankiert von einer ausgefallenen Architektur mit Spiegeln, Kuppeln und Oberlichtern.

Soane, der Professor für Architektur an der Royal Academy of Art war, hat jeden Raum als Plattform für seine Skulpturen, Gemälde, Zeichnungen und allerlei Architektonisches, genauestens geplant und kuratiert. Minimalisten werden schockiert sein, aber die Erkundung des kostenlosen Museumshauses ist ein herrliches Erlebnis für Entdeckernaturen. Zu den spektakulärsten Objekten gehört der Alabaster-Sarkophag eines ägyptischen Pharaos in der »Grabeskammer«, den Soane 1824 für seine Sammlung erwarb. Ein weiteres Highlight: der Gemälderaum für seine Kunstsammlung mit Werken von William Turner, William Hogarth oder Canaletto. Der Architekt konzipierte das Zimmer so, dass dreimal so viele Bilder ausgestellt werden können (118 insgesamt!), als es der kompakte Raum eigentlich erlaubt. Sein Trick: bewegliche Holztafeln, die beim Öffnen weitere Bilder freilegen.

Tipp: Seit 2023 ist das Zeichenbüro des Architekten nach aufwendiger Restaurierung im Rahmen von geführten Touren zum ersten Mal der Öffentlichkeit zugänglich. In dem kleinen Raum in einem Zwischengeschoss, das im Wesentlichen eine auf Säulen gestützte Plattform ist, arbeiteten Soanes Schüler, umgeben von Abgüssen und Modellen. Laut Museum ist es das älteste erhaltene Zeichenbüro weltweit und eine weitere einmalige Gelegenheit, sich im Sir John Soane's Museum in eine andere Welt entführen zu lassen.

← Minimalismus geht anders: der vollgestopfte Kuppelraum im Zentrum des Museums.
↓ Der Inhalt steckt im Namen: Frittiertes macht Vergnügen.

INFO

FISH & CHIPS MIT RETRO-CHARME

Knapp zehn Minuten nördlich des Sir John Soane's Museum geht die Reise in die Vergangenheit in einem Fish-and-Chips-Laden der alten Schule weiter. Im The Fryer's Delight scheint die Zeit stehen geblieben zu sein. Die Einrichtung: retro pur, mit schwarz-weißem Schachbrettmusterboden und rot-grünen Sitzecken. An den holzvertäfelten Wänden hängen alte Zeitungsausschnitte, und in der Luft liegt der Duft von frittiertem Fisch und Fritten – schön dick und nach englischer Art eher weich als knusprig. In diesem herrlich altmodischen Laden, der 1968 von einer norditalienischen Familie eröffnet wurde, werden die leckeren Fish and Chips mit Flair und Details serviert, die stets einen Besuch wert sind. Besonders schön: das humorvolle Fisch-mit-Bowler-Hut-Logo.

WEITERE INFORMATIONEN

www.soane.org
www.facebook.com/fishandchips.co.uk

2

INNS OF COURT

RUHEOASEN IM STADTGETÜMMEL

Aus der Kategorie »Dinge, die es nur in London gibt«: Im Zentrum der Stadt haben sich vier uralte juristische Ministadtviertel erhalten, die mit malerischen Ecken und einer interessanten Historie aufwarten – wunderbar zum Schlendern und Staunen.

Die Inns of Court sind die Anwaltskammern und Ausbildungsstätten für die Anwälte, die in England und Wales vor Gericht plädieren dürfen *(barrister)*. Seit dem 14. Jahrhundert gruppieren sich diese Institutionen namens Gray's Inn, Lincoln's Inn, Inner Temple und Middle Temple in der Nachbarschaft der Royal Courts of Justice nördlich und südlich des Strand, einer vom Trafalgar Square aus nach Osten führenden Straße. Die dazuge-

hörigen Gebäude, Innenhöfe, Gärten und kleinen Gassen beherbergen idyllische und geschichtsträchtige Ecken. Am atmosphärischsten ist das Nachbarduo aus Inner und Middle Temple, das südlich zwischen Strand und Themse liegt – mitten in der Stadt und dennoch so versteckt, dass die meisten dran vorbeilaufen. In den archaisch anmutenden Juristendistrikt gelangt man über die vom Strand ausgehende Middle Temple Lane (am Wochenende über Tudor Street) und ein Torhaus aus dem 17. Jahrhundert.

Zum Kantinenlunch mit Londoner Anwälten

Schon nach wenigen Schritten hat man den lärmigen Strand hinter sich gelassen. Stattdessen bewegt man sich über alte Steinplatten auf winkligen Wegen und vorbei an historischen Gebäuden, in denen Londons *barristers* des 21. Jahrhunderts nach wie vor ihre Büros *(chambers)* haben. Früher oder später kommt man an den eigentlichen Anwaltskammergebäuden vorbei, The Honourable Society of the Middle Temple bzw. The Inner Temple. Zugang hat die Öffentlichkeit nur im Rahmen von Touren. Ein Trick gewährt dennoch besondere Einblicke: Auf der Website des Middle Temple kann man sich in der grandiosen Middle Temple Hall (1573) – der »Anwaltskantine« – einen Platz zum Lunch an langen Tischen nebst englischer Juristenplauderei reservieren. Den Blick dann bitte auch nach oben richten, denn das typisch englische Hammerbalken-Gewölbe ist eines der beeindruckendsten des Landes.

Besondere Schmuckstücke sind die versteckten Gärten im Inner und Middle Temple. Die Inner Temple Gardens sind zur Mittagszeit zwischen 12.30 und 15 Uhr geöffnet. Die Middle Temple Gardens sind für Besucher des Garden Room Café immer zugänglich (Mo–Fr). Unabhängig davon stehen sie von Mai bis Juli sowie im September der Bevölkerung an Werktagen von 12 bis 15 Uhr offen. Die Gärten sind beliebte Lunchpausen-Orte, genau wie Lincoln's Inn Fields etwas nördlich in Holborn. Diese weitläufige öffentliche Grünfläche aus dem 17. Jahrhundert ist nach dem östlich angrenzenden Lincoln's Inn benannt. Lincoln's ist der eleganteste der vier Inns. Das älteste Gebäude des Komplexes ist die Old Hall (15. Jahrhundert), an die sich die Kapelle von 1620 anschließt. Das beeindruckende Gatehouse, einer der Zugänge zum Inn, sieht man am besten von der Chancery Lane aus. Im Rahmen von geführten Touren kann man die Lincoln's-Inn-Gebäude besichtigen, ansonsten gilt auch hier: nach Lust und Laune umherspazieren und sich auf den Lincoln's Inn Fields unter die Londoner mischen.

INFO

VON DER KREUZRITTER- ZUR JURISTENKIRCHE

Östlich der Middle Temple Lane liegt mit der runden Temple Church ein besonders geschichtsträchtiger Ort. Die Rundkirche steht heute unter der Obhut des Inner und Middle Temple und wurde im 12. Jahrhundert vom Templerorden gebaut. 1215 war sie Schauplatz von Verhandlungen zwischen König John und seinen Baronen, die zur Unterzeichnung der Magna Carta führten. Die Kirche wurde nach Beschädigungen im Zweiten Weltkrieg vollständig restauriert. Ihre wunderbare Akustik können Besucher beim Gesang des exzellenten Temple Church Choir, der die Gottesdienste untermalt, genießen. In der Kirche finden auch regelmäßig Konzerte statt. Ein Blick auf das Programm lohnt sich!

WEITERE INFORMATIONEN

www.middletemple.org.uk/lunch
www.innertemple.org.uk
www.templechurch.com/music/monthly-music-list
www.lincolnsinn.org.uk/the-estate/tours-of-lincolns-inn
www.graysinn.org.uk/the-inn/the-estate/the-walks

← Am Wochenende hat man den Middle Temple für sich: Schlendern und Kopfkino einschalten!
↑ Die runde Form der Temple Church erinnert an die Grabeskirche in Jerusalem.

3

WALLACE COLLECTION

WENN ADLIGE SAMMELN

In London liegen Kleinode und Schnödes oft in unmittelbarer Nachbarschaft. Die prachtvolle Wallace Collection am Manchester Square nördlich der Einkaufshölle Oxford Street ist das perfekte Beispiel dafür und bietet eine gute Möglichkeit, das Shopping-Gewissen mit einer Dosis Kultur zu beruhigen.

Nur wenige Schritte genügen, und man gelangt von Billigmode, geschmacklosen Candy Shops und der Konsumwelt des 21. Jahrhunderts zu einem Anwesen aus dem 18. Jahrhundert, das seine Türen – kostenlos – zu einer der erlesensten europäischen Kunstsammlungen öffnet. Das Museum liegt trotz seiner Nähe zu einer von Londons Haupteinkaufsstraßen so versteckt, dass es hier selten wirklich voll ist. Die Sammlung wurde im 18. und

19. Jahrhundert von den vier Marquesses of Hertford zusammengetragen. Sir Richard Wallace (1818–1890), der uneheliche Sohn des vierten Marquess, erbte im Jahr 1870 das exquisite Allerlei an Malerei, Skulpturen, Möbeln, Waffen, Rüstungen und Porzellan. Genau wie sein Vater war er ein bedeutender Kunstsammler und erweiterte sein Erbe bis zu seinem eigenen Tod im Jahr 1890 umfangreich. Dann trat seine Witwe, Lady Wallace, auf den Plan, die ganz im Geiste ihres philanthropischen Ehemanns die Wallace Collection 1897 der britischen Nation vermachte.

Privatsammlung wird öffentliches Museum

Seit 1900 ist die Sammlung im erhabenen Hertford House aus dem 18. Jahrhundert, dem ehemaligen Wohnsitz der Wallaces, für die Öffentlichkeit zugänglich. Wer sich das Paar, dem wir all das zu verdanken haben, näher anschauen möchte, findet ein Ölgemälde von Sir Wallace im Front State Room im Erdgeschoss. Von seiner Frau, die als Julie Amélie Charlotte Castelnau (1819–1897) in Paris geboren wurde, gibt es im Porphyr Court im Untergeschoss eine Marmorbüste. Das Schöne an der Wallace Collection: Hier war kein Museumskomitee am Werk, nach dessen Vorgaben die Sammlung bestückt werden musste. Alles, was sich in dem Anwesen über drei Stockwerke verteilt, wurde von den verschiedenen Besitzern nach persönlichem Geschmack und Interesse erworben. Daher findet man auch so kuriose Dinge wie kunstvoll verzierte Tabakreiben aus dem 17. Jahrhundert (im Smoking Room), mit denen Tabakrollen gerieben wurden, um Schnupftabak herzustellen.

Aber die Herren haben natürlich auch nach dem damaligen Mainstream gesammelt, sodass zu den Höhepunkten im Hertford House unter anderem Werke von Tizian, Rembrandt, Rubens, Hals (»Der lachende Kavalier«) und Velázquez gehören. Dazu gibt es eine exquisite Kollektion von Sèvres-Porzellan, mittelalterliche Manuskripte, prächtige Möbel, geschnitzte Altarbilder aus Holz und und und. Viel Platz erhält im Erdgeschoss eine riesige Sammlung an europäischen und orientalischen Waffen und Rüstungen, die sowohl von dem vierten Marquess als auch von seinem Sohn Richard Wallace zusammengetragen wurde. Wer sich für prächtige Möbel interessiert, wird ebenfalls fündig: Zur Sammlung gehören zehn Stücke des deutschen Möbeltischlers Johann Heinrich Riesener (1734–1806), unter anderem ein Sekretär von Marie-Antoinette. Tipp: Nach all der Pracht und Opulenz lädt das Café im überdachten Innenhof zu einem gepflegten Afternoon Tea ein.

← Die britische Vorliebe für Farben schafft in der Wallace Collection ein besonderes Museumserlebnis.
↓ Gemütlich, historisch, intim: Musik hören, sehen und genießen in der Wigmore Hall

INFO

EIN KLEINOD FÜR MUSIKFREUNDE

Sie mögen Musik? In unmittelbarer Nachbarschaft der Wallace Collection liegt mit der Wigmore Hall ein Konzertsaal, der wegen seiner hervorragenden Akustik als einer der besten weltweit gilt – und eine deutsche Geschichte hat. Die Wigmore Hall wurde 1901 von dem Berliner Pianohersteller Bechstein Pianos als Ergänzung zu den Verkaufsräumen in derselben Straße erbaut – mit besonderen Details, wie einer allegorischen Wandmalerei hinter der Bühne, auf der zu sehen ist, wie Amor und Psyche Künstler inspirieren. Überhaupt ist der gesamte Raum mit 552 Sitzen so schön, dass man aufpassen muss, sich nicht von der hier dargebotenen erstklassigen Kunst ablenken zu lassen. Das Programm konzentriert sich auf Kammer- und Instrumentalmusik sowie Gesang, mit Ausflügen in die zeitgenössische Jazzszene.

WEITERE INFORMATIONEN

www.wallacecollection.org
www.wigmore-hall.org.uk

4

MARYLEBONE

EIN DORF IM GROSSSTADTGETÜMMEL

London ist aus kleinen Dörfern zusammengewachsen, die sich bis heute im Großstadtkonglomerat verstecken. Wie zum Beispiel das elegante Wohn- und Einkaufsviertel Marylebone, das nördlich der Oxford Street zum Bummeln und stilvollen Shoppen einlädt. Zum Abschluss lohnt ein Blick in den Regent's Park am Nordende.

Noch im 17. Jahrhundert war Marylebone ein Dorf am Nordrand von London, dessen Name auf die Kirche St Mary Bourne aus dem 15. Jahrhundert zurückgeht. Ab dem 18. Jahrhundert wurde das Dorf nach und nach von der Stadt verschluckt und erhielt sein heutiges Gesicht mit im georgianischen Stil angelegten Straßen und Plätzen. Marylebone war immer ein beliebtes Wohnviertel für betuchte Londoner. Im 19. Jahrhundert eröffneten viele Ärzte in den geräumigen Häusern Praxen für wohlhabende Patienten. In der Harley Street im östlichen Teil des Viertels residieren heute Londons teuerste Ärzte und Privatkliniken.Wer auf den Spuren der Beatles wandeln möchte, kommt hier ebenfalls auf seine Kosten: An der Adresse 34 Montague Square wohnte Ringo Starr in den 1960ern, nahm Paul McCartney Demos auf und lebten John Lennon und Yoko Ono für einige Monate. Das Herzstück von Marylebone liegt weiter westlich an der Marylebone High Street, die den Stadtteil als Nord-Süd-Achse durchschneidet. Bei einem Spaziergang über diese charmante Einkaufsstraße mit Abstechern in die umliegenden Straßen lernt man das ehemalige Dorf kennen.

Von deutschen Einwanderern und traditionell britischen Pubs

Von der südlich liegenden Oxford Street führt die kleine Marylebone Lane zur Marylebone High Street. Schon auf dem Weg durch die kleine Gasse mit ihren originellen Geschäften spürt man den Unterschied. Alles ist eine Nummer kleiner und ruhiger. An Hausnummer 35 wartet der altmodische Delikatessenladen Paul Rothe & Son, der 1900 von einem deutschen Einwanderer aus Hamburg gegründet wurde und inzwischen in dritter bzw. vierter Generation von einer Vater-und-Sohn-Kombo betrieben wird. Früher hauptsächlich ein Lebensmittelgeschäft, ist der kleine Laden heute für seine Sandwiches bekannt. Zur Mittagszeit stehen Büromenschen aus der Umgebung, genau wie Bauarbeiter und Londonbesucher, Schlange. Die Rothes punkten mit ihrer Flexibilität bei der Sandwichgestaltung, denn sie packen ihren Kunden alles Gewünschte zwischen die Brotscheiben, egal wie abstrus die Kombination auch sein mag.

Daneben gibt es täglich wechselnde Suppen und im Delikatessenshop eine Auswahl an leckeren Marmeladen, Senfs, Chutneys und Gewürzen. Die kontinentaleuropäischen Wurzeln zeigen sich in dem urigen Geschäft noch an Angeboten wie Liptauer-Käse, der vom Besitzer frisch zubereitet wird. Gleichzeitig ist Paul Rothe & Son so britisch wie die Angewohnheit »sorry« zu sagen, wenn es nichts zu entschuldigen gibt. Ein paar alte Resopal-Tische laden zum Verweilen ein, man könnte problemlos einen Film drehen, der im frühen 20. Jahrhundert spielt, und die beiden Rothes bedienen die

→ Es gibt kaum etwas Besseres, als vor einem Londoner Pub auf der Straße zu stehen. Einfach mitmachen!

GOLDEN EAGLE
IMBIBING EMPORIUM
Marylebone Tavern
FREE HOUSE
MARYLEBONE LANE W1
CITY OF WESTMINSTER
GOLDEN EAGLE
Informal Eating
Traditional Hand Pulled Beers

Kunden in weißen Kitteln. Aber so schön das auch ist, wir müssen weiter, Marylebone hat noch mehr zu bieten. Wie das traditionelle Pub Angel In The Fields an der Ecke Marylebone Lane/Thayer Street (Blick nach oben, damit man das schöne Namensschild nicht verpasst!). Hier lockt direkt der nächste Stopp in einem gemütlichen Ambiente mit Holzvertäfelung und Buntglasfenstern. Der erste Abstecher auf der Marylebone High Street, auf die man über die Thayer Street in Richtung Norden automatisch gelangt, geht dann nach links in die kleine Moxon Street zu La Fromagerie. Das

Käsegeschäft ist ein Liebling der Locals. Neben Käse gibt es hier Lebensmittel und Delikatessen, und wer Glück hat, ergattert einen Platz am Gemeinschaftstisch im hinteren Bereich des kleinen Geschäfts für einen Kaffee oder Snack.

Tipp an Sonntagen: der Marylebone Farmers' Market direkt um die Ecke auf der Aybrook Street. Gemüse, Obst, Fleisch, Meeresfrüchte, Honig, Backwaren – die Beschicker aus dem ganzen Land bieten auf einem der größten Bauernmärkte Londons ein »Best of« an erstklassigen Produkten. Einfach nach Geschmack auswählen, in den angrenzenden Paddington Street Gardens einen Platz finden und genießen. Direkt dahinter lohnt sich die parallel zur High Street verlaufende Chiltern Street für ihre kleinen, schön altmodischen Shops, wie den in der Musikszene weltweit bekannten Holzblasinstrumentehersteller Howarth of London.

Stilvoll shoppen und schlendern

Zurück auf der Marylebone High Street und weiter links in Richtung Norden stoppt der Schritt dann unweigerlich am Daunt Bookshop, der als schönste Buchhandlung Londons gilt und seit dem Jahr 1990 Bücherwürmer begeistert. Das Geschäft selbst in einem hoch aufragenden Stadthaus aus rotem Backstein gibt es seit 1912, und die mit rosa Granit und Holz verkleidete Fassade ist ein nostalgischer Hingucker. Die Schaufenster geben den Blick frei auf Reihen um Reihen von Büchern, im Laden begeistern lange Eichengalerien mit Geländern und Oberlichtern sowie eine grüne Rückwand mit einem altarähnlichen Bogenfenster mit einem hübschen Buntglasmuster. Apropos Bücher: Am Ferguson House, einem Bürogebäude an der Ecke zur Marylebone Road am Ende der High Street, erinnert ein Wandbild an Charles Dickens. Der Schriftsteller lebte von 1839 bis 1851 mit seiner Familie in einem Nachbarhaus, das in den 1950ern Platz für das Bürogebäude machen musste. Ebenfalls am Nordende der High Street werden Freunde guten Stils viel Freude am Shop des britischen Designpapsts Sir Terence Conran haben, in dem man sich auf zwei Etagen in einem ehemaligen Stall in Möbeln, Textilien, Deko und allerlei schönem Schnickschnack verlieren kann.

↖ Frisches direkt vom Erzeuger auf dem Marylebone Farmers' Market
← Marylebone lädt im hektischen Stadtzentrum dazu ein, einen Gang herunterzuschalten.
↗ Bringen Sie Zeit mit! In den Daunt Bookshop möchten Bücherwürmer am liebsten einziehen.

INFO

EINE PRISE ALTES EUROPA

London liebt Cafés und Restaurants im europäischen Kaffeehausstil – wie das Fischer's, eine originelle Einkehr am oberen Ende der High Street. Halbgeflieste Wände, poliertes Holz, goldgerahmte Porträts – das Interieur ist bis ins kleinste Detail durchdacht. Gemütlich, geschmackvoll und trotz der österreichisch-deutschen Speisekarte typisch London. Geöffnet ist durchgehend, und von Frühstück bis Dinner, einschließlich Kaffee und ein Stück Sachertorte zwischendurch, geht alles.

EINST JAGDGEBIET FÜR HEINRICH VIII., JETZT PARK FÜR ALLE

Am Nordende stößt die Marylebone High Street auf die Marylebone Road und den angrenzenden Regent's Park, der sich eleganter als der Hyde Park präsentiert und beileibe nicht so überlaufen ist. Die die Parkanlage umgebenden klassizistischen Häuserreihen, für die John Nash, Architekt des Prince Regent und späteren Königs Georg IV., verantwortlich zeichnet, sorgen für ein spezielles Ambiente. Besonders schön: die Queen Mary's Gardens im Inner Circle mit traumhaften Rosenbeeten und die Avenue Gardens in der Südostecke des Parks.

WEITERE INFORMATIONEN

www.marylebonevillage.com
www.fischers.co.uk
www.royalparks.org.uk/visit/parks/regents-park-primrose-hill

Zum Abschluss des Marylebone-Spaziergangs auf eine Kleinigkeit ins Fischer's …

DER PERFEKTE TAG

Wie der perfekte Tag in London aussieht, hängt von der individuellen Interessenlage ab. Mit dieser Variante bekommen Sie von Osten nach Westen und mit einem Abstecher in den Süden einen Eindruck von den vielseitigen Kontrasten der Stadt.

9 UHR – WENN SCHON LONDON, DANN RICHTIG
Für ein traditionelles englisches Frühstück geht es in ein typisches Londoner Café – oder *caff* – im East End: E. Pellici in Bethnal Green wird in dritter Generation von derselben Familie geführt. Mamma Maria steht noch mit über 80 am Herd. Klasse Retro-Dekor!

11 UHR – QUER DURCH DIE STADT zum Kontrastprogramm in der National Gallery am Trafalgar Square. Dank der Tube kein Problem. Seit 1824 bietet die National Gallery große Kunst, und das völlig umsonst. Daher macht auch ein Kurzbesuch Sinn, um »schnell mal« einen Botticelli oder Rembrandt zu bestaunen.

13 UHR – SCHNITT: WENIGE MINUTEN NÖRDLICH landen wir in Soho, Londons Ausgehdauerbrenner, der sich tagsüber perfekt für einen ausgiebigen Spaziergang durch Sträßchen und Gassen anbietet. Einfach der Nase nach rund um die Old Compton Street bummeln und in der legendären Bar Italia einen Espresso trinken und ein Panino snacken. Im südöstlich anschließenden Covent Garden dann eine Runde Shopping: rund um Seven Dials, wo sieben kleine Straßen auf einen Platz treffen, und weiter südlich auf Neal Street, Long Acre und Floral Street. Und: Augen auf – Covent Garden hat mehr zu bieten als Einkaufsgassen (s. Kap. 8).

17 UHR – DER AFTERNOON TEA IN EINEM feinen Hotel belastet das Budget, ja, aber das Ritual ist einmalig und erlebenswert. Nach Sandwiches, Scones und Kuchen ist man so satt, dass man sich zumindest das Dinner sparen kann – traditionell zum Beispiel im Savoy oder Langham, moderner im Corinthia.

19 UHR – BEIM ABENDSPAZIERGANG ZEIGT London sein zweites Gesicht: perfekt in einem hübschen Stadtviertel in Themselage wie Chelsea. Straßenlaternen leuchten, aus den Häusern fällt Licht (ideal für neugierige Blicke in Londoner Wohnungen), am Fluss glitzern am Südufer die Glas- und Stahlhochhäuser im Dunkeln. Schlendern Sie durch die schönen Wohnstraßen südlich der King's Road und entlang der Themse am Chelsea Embankment mit Blick auf die beleuchtete Albert Bridge.

20 UHR – ZUM ABSCHLUSS COCKTAILS mit Aussicht: Über die Chelsea Bridge geht es zur Joia Bar (reservieren!) auf dem 15. Stock des Art'otels hinter Londons Kultkraftwerk Battersea Power Station. Bars mit Aussicht gibt es viele, den atemberaubenden Blick auf die cremefarbenen, im Dunklen angestrahlten Schornsteine des alten Kraftwerks nur einmal – und definitiv nur in London.

← Albert Bridge: romantisches Vermächtnis von Queen Victoria an ihren geliebten Gatten
↖ Blick in die Lobby des Corinthia Hotels südlich des Trafalgar Square
↑ Lassen Sie sich bei einem Streifzug durch die National Gallery inspirieren.
↗ Im 16. Jahrhundert war Soho noch Jagdrevier, jetzt der perfekte Ort zum Schlendern und Ausgehen.
↓ Musicaltheater, Restaurants, Bars, Pubs: Soho ist ein Dauerbrenner im Londoner Nachtleben.

5

FITZROVIA CHAPEL

TRAUM AUS MOSAIK UND MARMOR

Planen Sie zufälligerweise neben Shoppen und Sightseeing einen Heiratsantrag in London? Die Fitzrovia Chapel, ein gänzlich unerwartetes und von modernen Gebäuden umringtes Mosaik- und Marmorwunder im Stadtzentrum, bietet sich dafür an – und ist auch ohne Heiratsabsichten definitiv einen Besuch wert.

Kerzen, Kerzen und noch mehr Kerzen: An einem dunklen Spätherbstabend ist der Boden des Altarbereichs der kleinen Fitzrovia Chapel mit dicken weißen Kerzen dekoriert. Das flackernde Licht macht diesen Ort voller Marmor, Gold und Mosaiken noch magischer. Der Kontrast zu dem unauffälligen Äußeren der Minikapelle, die sich in einem modernen Komplex aus Wohnungen und Büros nordöstlich des Oxford Circus versteckt, könnte größer nicht sein. Doch beginnen wir am Anfang, denn die Geschichte der Fitzrovia Chapel ist

kurios: Sie war Teil des Middlesex Hospital, dessen Ursprünge bis ins 18. Jahrhundert zurückgehen. Ende des 19. Jahrhunderts wurde der für seine Arbeit an Kirchen und Kathedralen bekannte Architekt John Loughborough Pearson mit dem Entwurf einer Krankenhauskapelle beauftragt, die zwischen 1891 und 1892 im zentralen Innenhof des Hospitals errichtet wurde. Die opulente Inneneinrichtung wurde allerdings erst im Jahr 1929 fertig.

Die Kapelle ist zwar ein Ort der Andacht, wurde aber nie offiziell geweiht, sondern 1892 vom damaligen Bischof von London im Rahmen einer Zeremonie eröffnet. Der in den Folgejahren abgehaltene wöchentliche Gottesdienst wurde für alle Patienten über das Krankenhausradio übertragen. Vor allem aber war die Kapelle ein Ort der Besinnung und Ruhe für das Personal, die Patienten und ihre Familien. Bis sich im frühen 21. Jahrhundert alles änderte: Im Rahmen der Zusammenlegung des Middlesex Hospital mit einem anderen Krankenhaus wurden die Gebäude zwischen 2008 und 2015 komplett abgerissen und das Gelände neu bebaut. Die denkmalgeschützte Kapelle blieb jedoch stehen, während um sie herum gebuddelt und gebaggert wurde, und wurde nach ihrem Heimatstadtteil in Fitzrovia Chapel umbenannt. Der öffentliche Platz, auf dem sie steht, heißt in Erinnerung an ihren Architekten Pearson Square. All das bleibt den meisten allerdings komplett verborgen, außer man wohnt und/oder arbeitet in dem modern-kantigen Gebäudekomplex, in dessen Mitte sie nun steht.

Kleine Schmuckkiste aus Mosaik und Marmor

Wer seine Schritte bewusst hierher lenkt und durch die Tür des unauffälligen Backsteingebäudes tritt, traut seinen Augen kaum. Denn plötzlich ist man in einer ganz anderen Welt, die von einer gewölbten Decke aus schillerndem Goldmosaik, gotischen Glasfenstern und viel Marmor dominiert wird. Insgesamt wurden in der Minikapelle 17 verschiedene Marmorarten und Mosaikfliesen verarbeitet. Seit einer Zwei-Millionen-Pfund-Restaurierung 2013 bis 2015, unter anderem wegen Wasserschäden an den Mosaiken und Marmorplatten, erstrahlt das Schmuckkästchen wieder im alten Glanz.

Das Kapellenschiff wird heute gerne für (nicht kirchliche) Trauzeremonien genutzt und kann für romantische Heiratsanträge gemietet werden. Kostenlose Besichtigungen der Fitzrovia Chapel sind mittwochs möglich, oder man nutzt eine der regelmäßig hier stattfindenden Veranstaltungen, wie Ausstellungen oder Konzerte, um Zutritt zu erhalten.

INFO

SOHOS RUHIGER NACHBAR

Die Straßenzüge von Fitzrovia bleiben anders als die des bekannteren südlichen Nachbarn Soho bei Londonreisen eher unentdeckt. Dabei lohnt sich diese Ecke nördlich der Oxford Street für Stadtspaziergänger. Das Viertel erstreckt sich vom Oxford Circus im Westen bis zur Gower Street im Osten sowie der Euston Street im Norden und hat eine Boheme- und Künstlervergangenheit. Am eleganten Fitzroy Square haben beispielsweise George Bernard Shaw und Virginia Woolf residiert. Der verkehrsfreie Platz ist eine Ruheoase mit Sitzbänken für eine Pause. Nur wenige lenken ihre Schritte hierher, sodass man das Ensemble georgianischer Häuser aus hellem Portland-Stein aus Dorset ungestört genießen kann. Tipp: Südlich des Square bietet die Charlotte Street Restaurants für jede Geschmacksrichtung.

WEITERE INFORMATIONEN

www.fitzroviachapel.org

← Diese ehemalige Krankenhauskapelle überrascht: außen unauffälliger Backstein, innen Goldmosaik.
↑ Schnappen Sie sich eine der Bänke um den Fitzroy Square und lassen Sie die Umgebung auf sich wirken.

6

MAYFAIR GALERIERUNDE

SPUREN ZEITGENÖSSISCHER KUNST

Mayfair, das sind mondäne Stadthäuser, Privatklubs, feine Hotels, teure Restaurants und Designerläden. Aber nicht nur das. Die Straßenzüge südlich der Oxford Street sind ein Zentrum der internationalen Kunstszene, und auf dem Weg von Galerie zu Galerie eröffnet sich der besondere Charme dieses Stadtviertels.

Mayfair steht in London für Luxus pur. Zwischen Hyde Park im Westen und Regent Street im Osten residierte früher die Aristokratie und vergnügt sich heute der Geldadel. Limousinen und Mega-Sportwägen, bei denen Autoliebhaber sofort in Schnappatmung geraten, gehören in Mayfair zum normalen Straßenbild.

Kunstroulette mit großen Namen

Zum Glück kostet Mayfairs Flair und die Erkundung der schönen Straßen gar nichts, genauso wenig wie neugierige Blicke in die Top-Kunstgalerien, vor allem für zeitgenössische Kunst, die sich hier in unmittelbarer Nachbarschaft versammeln. Was es gerade zu sehen gibt, weiß man vorher natürlich nicht, was das Ganze noch spannender macht. Wir beginnen am besten im Osten parallel zur Regent Street auf der legendären Straße der Herrenschneider, der Savile Row. Hauser & Wirth, eine der anerkanntesten internationalen Galerien für zeitgenössische und moderne Kunst, betreibt an Nummer 23 mit der North und South Gallery zwei Ausstellungsräume. Die Schweizer Galerie vertritt einige der bekanntesten internationalen Künstlerinnen und Künstler bzw. deren Nachlässe, darunter Isa Genzken, Annie Leibovitz oder Gustav Metzger. Ihr Londoner Standort mit knapp 1900 Quadratmetern Fläche, großen Fensterfronten und Betonboden sieht genauso aus, wie man sich einen Ausstellungsort für moderne Kunst vorstellt.

Ganz anders der nächste Stopp, den man in gemütlichen 20 Minuten auf der anderen Seite von Mayfair erreicht. Die Galerie Michael Werner verbirgt sich auf der Upper Brook Street (Nr. 22) hinter den schmiedeeisernen Toren eines traditionellen Stadthauses. Im Inneren gibt es moderne und zeitgenössische Kunst in einem traditionellen Ambiente mit Parkettboden und aufwendig geschnitzten Kaminen. Hinter Michael Werner steckt ein deutscher Galerist, der seine Karriere 1963 in Berlin startete. Seitdem hat die Galerie mit einigen der wichtigsten Künstler des 20. Jahrhunderts zusammengearbeitet, darunter Peter Doig, Jörg Immendorff und Markus Lüpertz, und ist seit 2012 in London vertreten. Tipp: Auf dem Weg zur Galerie nördlich des Grosvenor Square rechts einen Abstecher auf die Duke Street unternehmen, wo sich links eine der verstecktesten Londoner Freiluftoasen befindet. Die 900 Quadratmeter großen Brown Hart Gardens wurden Anfang des 20. Jahrhunderts auf dem Dach eines Umspannwerks angelegt, und an den Stufen, die zu der begrünten Terrasse mit Café führen, läuft man leicht vorbei. Wer zu Wimbledon-Zeiten in London ist, kann hier Open-Air-Tennisübertragungen genießen.

Von Michael Werner aus geht es über den Grosvenor Square in Richtung Südosten weiter für mehr große

← In Mayfairs Mount Street Gardens versteckt sich die Farm Street Church. Reinschauen!

← Brown Hart Gardens über den Straßen Mayfairs: perfekt für eine kleine Pause
↙ Moderne Kunst in historischen Mauern: Galerie Thaddaeus Ropac im Ely House
↘ Orte wie der Shepherd Market sind wertvoll in einer Mega-Großstadt wie London.

Namen: Sadie Coles gehört zu den weiblichen Pionieren der britischen Galerieszene. Ihr Name wird vor allem mit den »Young British Artists« in Verbindung gebracht, die in den 1990er-Jahren die britische Kunstwelt aufmischten. Zu den bekanntesten YBAs gehören Damien Hirst, Tracey Emin und Sarah Lucas. Letztere wird von Sadie Coles vertreten, deren Galerie auf der Davis Street durch riesige, vom Boden bis zur Decke reichende Fenster auffällt.

Direkt nebenan und mit einem weiteren Standort um die Ecke auf Grosvenor Hill folgt mit Gagosian der nächste Galerie-Gigant. Wer – mit dem nötigen Budget ausgestattet – die großen Künstler der Nachkriegszeit von Picasso bis Rauschenberg sammelt, kommt an dem Amerikaner Larry Gagosian nicht vorbei. Er hat sich über Jahrzehnte ein wahres Kunstimperium aufgebaut und war in den 1980er-Jahren einer der ersten, der aufstrebenden Künstlern wie Jean-Michel Basquiat ein Podium bot.

Auf dem Weg zum nächsten Stopp zehn Minuten südöstlich können Sie bei Phillips am Berkeley Square (Nr. 30) reinschauen. Das altehrwürdige Auktionshaus aus dem Jahr 1796 – jetzt ein hochmoderner Galerieraum mit Riesenfenstern – gehört zu den Top-Adressen für Kunst, Schmuck, Uhren und Fotografie aus dem 20. und 21. Jahrhundert. Mitbieten muss man dabei nicht. Die Ausstellungen ausgewählter Exponate, die zur Auktion stehen, sind frei zugänglich. Wenige Minuten weiter fällt an der Ecke zur Grafton Street dann eine wunderschöne traditionelle Ladenfront ins Auge, die den Blick auf einen kompakten Ausstellungsraum freigibt. Die Galerie Sprüth Magers der beiden deutschen Top-Galeristinnen Monika Sprüth und Philomene Magers ist schon von außen sehenswert. Zum Portfolio der von Köln aus international expandierten Galerie gehören einige der ganz großen Namen zeitgenössischer Kunst wie Andreas Gursky und Jenny Holzer.

Galeriegetümmel auf der Cork Street

Wir gehen weiter in Richtung Osten zur Cork Street, auf der sich die Galerien für zeitgenössische Kunst angeblich so dicht drängen, wie sonst nirgendwo in Europa. Wählen Sie einfach nach Gusto. Eine sei besonders empfohlen: Alison Jacques hat sich auf die Neupositionierung von Künstlerinnen konzentriert, die im Kanon der Kunstgeschichte übersehen wurden. In den letzten Jahren hat die Galeristin einige hochinteressante »alte Damen« der Kunst wiederentdeckt und ihnen eine Plattform gegeben. Lohnt sich!

Zum Abschluss ein Schlenker zurück nach Südwesten, vorbei an den exklusiven Läden auf der Old Bond Street, zum denkmalgeschützten Ely House auf der Dover Street (Nr. 37). Wer einen Blick in die Galerie Thaddaeus Ropac wirft, die hier auf fünf Etagen residiert, sieht gleichzeitig eines der schönsten Londoner Herrenhäuser des 18. Jahrhunderts, das einst der Wohnsitz des Bischofs von Ely war.

INFO

EINMAL AFTERNOON TEA, BITTE!

Sie möchten sich nach der Tour noch etwas gönnen? Nur wenige Minuten von Thaddaeus Ropac entfernt serviert das Fünf-Sterne-Hotel Brown's im eleganten Ambiente des Drawing Room einen herrlichen Afternoon Tea. Auch Königin Victoria, die deutschstämmige Vorfahrin von König Charles, soll hier ihren Tee genossen haben. Dafür musste sie sicher nicht so tief in die Tasche greifen wie heutige Gäste, aber das Erlebnis mit einem dreigängigen Menü aus Sandwiches, Scones und Kuchen ist einmalig. Nicht zu vergessen: Es wird kostenlos nachgefüllt, auch wenn kaum jemand mehr als eine Runde pro Gang schafft.

MAYFAIR-TREFFPUNKT

Im südlichen Mayfair versteckt sich zwischen Curzon Street und Piccadilly der Shepherd Market. Hier fand im 16. Jahrhundert jährlich die May-Fair-Messe statt, die dem Stadtteil seinen Namen gab. In seiner heutigen Gestalt wurde der kleine Platz, um den sich einige Gassen mit Geschäftchen und Restaurants gruppieren, 1735 angelegt. Beliebter Treffpunkt nach Feierabend: das Pub Ye Grapes. Besonders schön ist es hier im Sommer, wenn alle auf dem Miniplatz im Freien stehen.

WEITERE INFORMATIONEN

www.roccofortehotels.com/hotels-and-resorts/brown-s-hotel

Feines Porzellan und eine strenge Reihenfolge gehören zum Afternoon Tea: erst Sandwiches, dann Scones und zum Schluss Törtchen.

7

MAISON ASSOULINE

VON DER BANK ZU BÜCHERN

Mögen Sie Geschäfte, die mehr sind als nur das und eine eigene Geschichte haben? Dann ist Maison Assouline auf dem Piccadilly der richtige Ort für Sie. Obwohl er auf einer der Haupttouristen-Meilen in London liegt, bleibt dieser »Concept Store für Kultur« von außen unauffällig – und ist innen umso umwerfender.

Anders als bei den Shopping-Lieblingen auf dem Piccadilly, wie dem Kaufhaus Fortnum & Mason, sieht hier so gar nichts nach Geschäft aus. Das liegt daran, dass Maison Assouline sich hinter der denkmalgeschützten Fassade eines Gebäudes versteckt, das Anfang der 1920er-Jahre von dem Architekten Edwin »Ned« Lutyens (1896–1944) für die Midland Bank als Hochsicherheitsgebäude konstruiert wurde. Es gibt keine Schaufenster, nur eine Holztür, die sich etwas zurückgesetzt vom Bürgersteig dem Blick der Vorbeieilenden entzieht.

Lutyens ist einer der bedeutendsten britischen Architekten des 20. Jahrhunderts, der sich einen Namen damit gemacht hat, traditionelle Architektur innovativ an die Anforderungen seiner Zeit angepasst zu haben. Der vielseitige Londoner hat nicht nur zahlreiche bekannte Landhäuser, Kriegerdenkmäler und öffentliche Gebäude im ganzen Land entworfen, sondern war auch in der Stadtplanung und als Möbel- und Kamindesigner aktiv. Seine Entwürfe verbinden Zweckmäßigkeit mit Einfallsreichtum und Witz. Kurioserweise ist eines seiner bekanntesten Werke ein Puppenhaus, das im Schloss Windsor bei London zu sehen ist, wo es zu den beliebtesten Objekten gehört. Das 1925 entworfene Queen Mary's Dolls' House ist eine detailgetreue Nachbildung eines aristokratischen Hauses im Maßstab 1:12, ausgestattet mit Tausenden von Objekten.

Bücher und Cocktails in exquisiter Umgebung

Zurück nach London, wo Lutyens mehrere Arbeiten für die Midland Bank ausgeführt hat. Die Zentrale der Bank in der City, dem Londoner Finanzdistrikt, ist seit einem Umbau vor einigen Jahren das grandiose und nach dem Architekten benannte Hotel Ned (reinschauen!). Die kleine Zweigstelle auf dem Piccadilly beheimatete nach ihrer Zeit als Bank mehrere Jahre lang die Galerie Hauser & Wirth und ist seit 2014 »ein zivilisierter Gegenpol zur immer digitaler werdenden Welt«. So beschreiben es Martine und Prosper Assouline, die hinter dem Verlag Maison Assouline stehen, der luxuriöse, großformatige Bildbände zu Kunst, Design, Mode und Reisen herausgibt.

In seinem Londoner »Haus« hat sich das französische Ehepaar in der kompakten ehemaligen Schalterhalle eine Art Verkaufsbibliothek für seine edlen und reich illustrierten *coffeetable books* geschaffen – inklusive der eleganten Swan Bar für Cocktails, Kaffee und Snacks. All das wird harmonisch eingerahmt von Lutyens Design. Die klare und selbstbewusste Eleganz des Raumes mit den edwardianischen, holzgetäfelten Wänden, schönen Fensterelementen, Stuck und klassischen Details passt perfekt zu den Buch-Kunstwerken. Kurz: Französischer Chic trifft britisch-klassische Coolness. Blättern Sie sich hier durch die Welt der Reichen und Schönen, gönnen Sie sich einen Cocktail in der Bar und stellen Sie sich einfach für einen Moment vor, dass Maison Assouline wäre Ihr Wohnzimmer …

← Einigermaßen kryptisch von außen: Maison Assouline – was ist das?
↓ Die St. James's Church ist auch immer wieder ein Ort für künstlerische Installationen.

INFO

ALTE KIRCHE MIT JUNGER EINSTELLUNG

Experten vergleichen die Bedeutung Lutyens für die britische Architektur mit der des großen Barockmeisters und Erbauers der St. Paul's Cathedral Christopher Wren. Passenderweise steht mit der St. James's Church direkt neben Lutyens Bank eine von Wren im 17. Jahrhundert erbaute Kirche. Nach Beschädigungen im Zweiten Weltkrieg wurde die Kirche bis 1954 restauriert. Heute ist die Gemeinde für ihre progressive Einstellung bekannt und positioniert sich als Diskussionsplattform für gesellschaftliche Themen wie Migration, Rassismus und Inklusion. Im Einklang mit dieser Philosophie wurde im September 2023 im Eingangsbereich das Gemälde eines Künstlers aus Trinidad enthüllt, das an das Leben des ehemaligen Sklaven Quobna Ottobah Cugoano erinnert, der sich im 18. Jahrhundert in Großbritannien für die Abschaffung der Sklaverei einsetzte.

WEITERE INFORMATIONEN

www.maisonassouline.com
www.sjp.org.uk

8

COVENT GARDEN

ENTDECKUNGEN ABSEITS DER PIAZZA

Covent Garden ist sicher kein Londoner Geheimnis. Im Gegenteil, der Platz, das Herzstück des ehemaligen Obst- und Gemüsemarkts, ist das ganze Jahr über voller Touristen. Wer den Trubel, der an dieser Stelle Londons durchaus seinen Reiz hat, rechts und links liegen lässt, findet aber auch hier Verstecktes.

Schauen wir uns die Sache zunächst von oben aus an. Dafür geht es zu einem der schönsten Orte von Covent Garden, dem Royal Opera House an der Ostecke des Platzes, denn hier versteckt sich eine großzügige Dachterrasse, die Teil eines Restaurants ist. Am Abend hat man nur Zutritt, wenn man Karten für die Oper oder das Ballett besitzt (sehr empfehlenswert!). Tagsüber kann man den Blick aber problemlos genießen und im Sommer dazu einen Drink im Freien einnehmen. Von hier hat man freie Sicht auf den Platz, der heute synonym für Covent Garden steht

und der als erster öffentlicher Platz des Landes in den 1630er-Jahren von Inigo Jones nach italienischem Vorbild entworfen wurde. Wer quer über die Piazza schaut, blickt in die Richtung des nächsten versteckten Covent-Garden-Ortes, wo am Westende Straßenperformer ihre Show abziehen und besonders viel los ist. Viele übersehen daher das Eingangstor der als Actor's Church bekannten St. Paul's Church. Dahinter erstreckt sich ein idyllischer Kirchgarten – bei schönem Wetter der perfekte Ort für einen Sandwichstopp oder eine Ruhepause auf einer der Bänke unter alten Gaslampen, die in Covent Garden noch überall zu finden sind.

Von Schauspielern und Freimaurern

Vorher aber erst noch ein Gang durch die ebenfalls von Inigo Jones erbaute Kirche, die ihren Namen Actor's Church aufgrund der Nähe zum Royal Opera House und dem Theatre Royal in der Drury Lane bekam. Charlie Chaplin, Vivien Leigh und viele andere werden hier mit Gedenkplaketten geehrt. Nur wenige Minuten westlich wartet im Goodwin Court noch mehr Gaslampen-Romantik à la Charles Dickens. Ähnlich wie der Kirchgarten wird diese malerische Minigasse, die von Bedfordbury abgeht, im Gewirr der Einkaufsstraßen oft übersehen. Wer an den viktorianischen Erkerfenstern vorbeischlendert, kommt sich wie in einem historischem Film vor. Wenig überraschend dient diese Gegend tatsächlich öfters als Kulisse.

Zum Abschluss spazieren wir über Long Acre zehn Minuten gen Osten zu einem weiteren Ort, den nur wenige mit Covent Garden in Verbindung bringen: Auf der Great Queen Street steht mit der Freemasons' Hall ein frei zugängliches Meisterwerk des Art déco, das Einblicke in die Welt der Freimaurer gibt. Bei diesem Begriff denkt man wohl an Geheimbünde und Verschwörungen: Ist das nicht nur für Männer und, na ja, irgendwie seltsam? Entstanden ist die Freimaurerei allerdings in der Epoche der Aufklärung in England mit den Werten von Freiheit, Gleichheit und Toleranz. 1717 wurde in London die erste Großloge gegründet. Am Ort der Freemasons' Hall aus den 1920er-Jahren finden seit 1775 Zusammenkünfte statt. Der grandiose Bau ist äußerst beliebt für Veranstaltungen, von den London Fashion Week Shows bis zu Filmpremieren-Partys, und als Drehort. Möglicherweise haben Sie das Interieur in einer Folge von »The Crown« oder einem James-Bond-Film bereits gesehen. Das Gebäude mit Museum kann allein oder mit einer Tour besichtigt werden. Mal was anderes – und danach kann man sich dann wieder den Shoppingstraßen rund um Covent Garden widmen.

INFO

AUF INS THEATER

Gemeinsam mit dem benachbarten Stadtteil Soho bildet Covent Garden Londons Theatreland mit Dutzenden von Spielstätten. Das Peacock Theatre östlich von Covent Garden steht etwas am Rande in einem unauffälligen Gebäude aus den 1960ern, abseits der populären Musical-Häuser. Hier gibt es oft Sehenswertes rund um das Thema Tanz, denn das Theater fungiert als West-End-Ableger von Sadler's Wells, Londons führendem Haus für Ballett und modernen Tanz im nördlichen Islington. Zudem auf dem Programm: Feel-Good-Theater und -Entertainment für alle. Es lohnt sich, einen Blick darauf zu werfen! Kurios: Das Theater gehört inzwischen der renommierten London School of Economics, die das Auditorium für Vorlesungen und Konferenzen zweckentfremdet.

WEITERE INFORMATIONEN

www.roh.org.uk
www.actorschurch.org
www.ugle.org.uk
www.sadlerswells.com/your-visit/peacock-theatre

← Ein Hingucker auf der Bow Street: die Glaspavilion-Fassade des Royal Opera House
↑ Hip-Hop-Version des Ballettklassikers »Schwanensee«? Auch das steht im Peacock Theatre auf dem Programm.

9

SOMERSET HOUSE

EIN PALAST FÜR ALLE LONDONER

Buckingham Palace gesehen, Paläste in London abgehakt. Wer das so handhabt, verpasst einiges. Wie das Somerset House, ein bildschönes Gebäudeensemble aus dem 18. Jahrhundert, das heute ein Zentrum für Kunst und Kultur ist. Anders als bei dem berühmten Kollegen rund zwei Kilometer weiter westlich ist das gemeine Volk hier sehr willkommen.

Es ist immer wieder interessant zu beobachten, wenn Menschen durch das große Steintor am Strand, das zum Somerset House führt, gehen und dann erst mal stehen bleiben und verblüfft um sich schauen: »Ach, was ist das denn? Wusste ich gar nicht.« Das spektakuläre klassizistische Gebäudeensemble ist ein weiteres Beispiel dafür, wie sich die besten Dinge Londons in aller Öffentlichkeit verstecken. Noch bis in die 1990er-Jahre wurde der Innenhof des Somerset House vom dort ansässigen Finanzamt als Parkplatz genutzt. Nachdem 1997 eine Stiftung zur Entwicklung der Anlage zu einem Zentrum für Kunst und Kultur gegründet worden war, strahlt das Somerset House wieder in gebührendem Glanz. In den letzten Jahren sind hier zudem viele Kreativunternehmen untergekommen, die den alten Themsepalast zu einem Zentrum für Experimentelles und Innovatives gemacht haben.

Vom Tudorpalast zum Veranstaltungs-Hotspot

Errichtet wurde das Bauwerk zwischen 1776 und 1786 vom Architekten William Chambers (1723–1796) an der Stelle eines ehemaligen Tudorpalastes, um dort verschiedene Regierungsbehörden unter einem Dach zu versammeln. Marine- und Finanzministerium und auch die Royal Academy of Arts kamen hier zum einen oder anderen Zeitpunkt unter. Zuletzt wurde im Somerset House bis 1997 noch die umfangreiche Sammlung aller Geburts-, Todes- und Heiratsurkunden des Landes aufbewahrt. Nach der Wiedergeburt Ende des letzten Jahrhunderts zieren den großen Innenhof im Sommer nun Springbrunnen und im Winter eine Eisbahn, für die das Somerset House eine grandiose Kulisse bildet. Es gibt Cafés und Restaurants, eine tolle Terrasse am Südende mit Blick auf die Themse und im East Wing und den Embankment Galleries wechselnde Kunstausstellungen. Im Sommer gehören die jährlich stattfindenden Klassik- und Popkonzerte zum festen Repertoire der Stadt, genauso wie Open-Air-Kinoabende. Neugierige sollten sich eine »Historical Highlights Tour« für einen Blick in die Geschichte des Gebäudes gönnen. Oder alleine umherschlendern, durch jede offene Tür gehen und das schöne Ambiente genießen.

Die feinste Attraktion des Somerset House wird für Kunstliebhaber aber die Courtauld Gallery sein. Sie gehört zum Courtauld Institute of Art, das 1932 von dem Kunstsammler und Industriellen Samuel Courtauld gegründet wurde. Er vermachte seine Kollektion dem Institut, und keiner könnte Herrn Courtauld vorwerfen, ein schlechtes Händchen bei der Auswahl der Gemälde bewiesen zu haben. Erlesenste europäische Gemälde und Zeichnungen, vom Mittelalter bis ins 20. Jahrhundert, inklusive einer Gruppe impressionistischer und post-impressionistischer Meisterwerke von Manet, Monet, Cézanne, Van Gogh und Gauguin hängen in diesem kleinen, feinen Museum, das – nebenbei – eine der schönsten Wendeltreppen in ganz London hat. Allein dafür lohnt sich der Eintritt schon.

← Der Edmond J. Safra Fountain Court des Somerset House: Großstadtoase und Ort für Live-Events
↓ St. Martin-in-the-Fields gilt als Meisterwerk des Architekten James Gibbs.

INFO

MITTAGSMUSIK AM TRAFALGAR SQUARE
Am westlichen Ende des Strand, knapp 15 Minuten vom Somerset House, hat man von den Stufen der Kirche St Martin-in-the-Fields nicht nur einen fantastischen Blick auf den Trafalgar Square und das Treiben auf dem Platz. In der Kirche, die 1726 fertiggestellt wurde und offiziell die Gemeindekirche der königlichen Familie ist, finden Lunchtime-Konzerte statt (10 £). Die Kirche hat es sich dabei zur Aufgabe gemacht, junge Talente zu fördern, die freitags um 13 Uhr aufspielen. St Martin-in-the-Fields, die wie viele Kirchen in London viel mehr als nur Gottesdienste im Portfolio hat, bietet auch Gastronomie: Das Café in der Krypta ist bei Londonern sehr beliebt für Snacks, jeweils am Freitag gibt es Fish & Chips.

MEHR INFORMATIONEN
www.somersethouse.org.uk
www.courtauld.ac.uk
www.stmartin-in-the-fields.org/lunchtime-concerts

10

TWO TEMPLE PLACE

WENN EXZENTRISCHE MILLIONÄRE BAUEN

Wäre ein Kurpfälzer namens Johann Jakob Astor 1783 nicht in die USA ausgewandert, wo er der erste Multimillionär des Landes wurde und seinen Nachkommen ein Riesenvermögen hinterließ, gäbe es Two Temple Place heute nicht – und London wäre um eines seiner außergewöhnlichsten Gebäude ärmer.

Der eine lässt das alte Europa hinter sich, der andere kehrt der Neuen Welt den Rücken zu: Nachdem William Waldorf Astor, der Urenkel unseres deutschen Johanns, sich mit Familienangehörigen zerstritten hatte, zog er 1891 mit Frau und Kindern nach Großbritannien. Zu dem Zeitpunkt war er der zweitreichste Mann Amerikas. Auf der Insel erfand er sich als englischer Gentleman neu. Mit dem Astor House, das er zwischen 1892 und 1895 als Büro- und Wohngebäude in einer kleinen Straße parallel zur Themse bauen ließ, hinterließ er London eine Kuriosität

in Form von Stein, Mahagoni und Glas, die heute, nach ihrer Adresse benannt, als Two Temple Place bekannt ist. Beziehungsweise auch nicht, denn erstaunlicherweise wissen nur wenige Londoner, dass es diesen Ort gibt. Wer den im neugotischen Stil gebauten Stadtpalast aber einmal entdeckt hat, kommt immer wieder. Und nutzt jede der dort jährlich von Ende Januar bis Ende April stattfindenden kostenlosen und immer hervorragenden Ausstellungen, um durch die Räumlichkeiten zu schlendern. Außerhalb dieser Zeit werden über das ganze Jahr verteilt unregelmäßig Führungen angeboten, die auf der Website gelistet sind (10 £).

Unverwechselbar, eigenwillig, voller Symbole

Was macht Two Temple Place, das von Astor bei seinem Architekten als »zinnenbewehrte Tudor-Festung« in Auftrag gegeben wurde, so besonders? Wahrscheinlich seine unverwechselbare Eigenwilligkeit, die Astors Persönlichkeit und Passionen – Geschichte und Literatur – widerspiegelt, und die vielen Anspielungen in Form besonderer architektonischer Elemente. Der erste Blick, den Besucher erhalten, ist die Fassade aus Portlandstein mit zwei Erkern im ersten Stock. Auf dem Gebäude befindet sich eine glitzernde goldene Wetterfahne in Form der Santa Maria, des Schiffs, mit dem Christoph Kolumbus 1492 nach Amerika segelte. Das nautische Thema setzt sich mit Galeonen fort, die Bronzelampen auf den Stufen zum Eingang zieren – eine Referenz auf Johann Jakob Astors Entscheidung, den Atlantik zu überqueren.

Ein weiteres besonderes Lampendetail sind Puttenfiguren, die sich über eine frühe Form des Telefons austauschen: Two Temple Place war eines der ersten Häuser Londons mit Telefonanschluss. Im Gebäude mit seinen großzügigen Holzvertäfelungen ließ Astor seiner Liebe für Symbole freien Lauf. In der Eingangshalle und auf dem vergoldeten Fries in der Great Hall sind über 50 historische und fiktive Figuren dargestellt: Da trifft Marie Antoinette auf Pocahontas oder Marcus Antonius auf Macbeth. Auch dabei: die drei Musketiere aus dem Lieblingsbuch des Bauherrn. Neben der Great Hall mit ihren bunten Glasfenstern, die Schweizer Alpenlandschaften zeigen, ist die große Eichentreppe im Gebäudezentrum der Star im Haus: unten ein mit Intarsien ausgelegter Marmorboden, ganz viel Holzschnitzereien, eine quadratische Galerie und oben eine quadratische Kuppel mit Glasmalerei, die von korinthischen Säulen aus Ebenholz getragen wird. Im oberen Stockwerk versteckt sich hinter einer opulent verzierten Holztür übrigens eine der schönsten Damentoiletten Londons.

INFO

DACHGARTEN AN DER THEMSE

Was kann es Schöneres geben, als auf einem Dachgarten an der Themse bei schönem Wetter ein Glas Pimm's zu schlürfen? Gegenüber von Two Temple Place hat sich auf Londons Kultur-Uferpromenade South Bank eine ursprünglich nur für eine einzige Saison geplante Rooftop-Bar zu einem Liebling der Londoner entwickelt. Über eine knallgelbe Wendeltreppe geht es auf das Dach der Konzerthalle Queen Elizabeth Hall, direkt hinein in eine Oase aus Kräutern, Blumen und Rasen. Hier ein paar Tische und Stühle, da ein paar Bänke, ansonsten steht man an der Balustrade und genießt den Panoramablick aufs Nordufer. An der Bar gibt es Getränke und Snacks, der Garten selbst wird von einer Gruppe Freiwilliger gepflegt. Eine rundum gute Sache.

MEHR INFORMATIONEN

www.twotempleplace.org
www.southbankcentre.co.uk/visit/outdoor/queen-elizabeth-hall-roof-garden-cafe-bar

← Villa mit Zinnen und Burgcharakter: die Portlandstein-Fassade von Two Temple Place
↑ Rauf aufs Dach und rein in die begrünte Terrasse für Drinks mit Themseblick

11

TATE BRITAIN

EIN MUSEUM MODELT SICH UM

Angesichts der großen Popularität der Tate Modern wird das Mutterhaus Tate Britain von Reisenden oft übersehen. Dabei beherbergt die Galerie südlich vom Bahnhof Victoria eine hochinteressante Kunstsammlung. Seit einer kompletten Neuaufhängung ist der Gratis-Besuch noch lohnenswerter.

Gegründet wurde die Tate Gallery 1897, als der Zuckermillionär Sir Henry Tate seine Sammlung von 65 Gemälden namhafter britischer Künstler der Nation spendete. Heute umfasst die Sammlung der Tate mehr als 66 000 Kunstwerke aller Art. Das neoklassizistische Gebäude der Tate Britain ist dafür schon lange zu klein. Die Sammlung wurde aufgeteilt und ist neben dem Mutterhaus am Nordufer der Themse in der Tate Modern am Südufer weiter östlich sowie an Standorten außerhalb von London zu sehen. Im Ensemble der Tate-Häuser konzentriert sich die Tate Britain auf britische Kunst von 1500 bis heute, darunter die größte Kollektion von Werken von William Turner. Mit der 2023 präsentierten Neuaufhängung der Ausstellung reagierte das Haus auf Veränderungen in der britischen Gesellschaft. Öffentlichkeit und Kritiker erwarten von den Institutionen des Landes, dass sie die Geschichte des Landes besser widerspiegeln, sich auch mit dem dunklen Erbe wie Sklaverei und Kolonialismus auseinandersetzen und beinahe vergessenen Künstlern und Künstlerinnen Raum bieten.

Kunst im soziopolitischen Kontext

Das Ergebnis der Diversifizierungsinitiative der Tate Britain ist sehr gelungen. Die bisherige chronologische Struktur der 40 Räume wurde als Basis beibehalten, allerdings verfeinert und aufgebrochen, um Bezüge zwischen den Jahrhunderten aufzuzeigen. So reflektiert die Skulptur einer zeitgenössischen britisch-palästinensischen Künstlerin im Segment zu Tudorkunst beispielsweise die Bedeutung von Künstlern mit Migrationshintergrund im Großbritannien des 16. und 17. Jahrhunderts. Zur Neudefinition britischer Kunst gehört auch, dass die Werke und deren Urheber stärker in Bezug zum soziopolitischen Kontext ihrer Zeit gesetzt werden. Themen, die hier eine Rolle spielen, sind beispielsweise die Suche der Präraffaeliten nach Schönheit inmitten der Industriellen Revolution oder der Einfluss der Promi-Kultur auf die Kunstszene der 1990er-Jahre.

Die neue Präsentation gibt der altehrwürdigen Tate Britain frische Energie, indem sie sie sinnvoll anreichert und neue Perspektiven eröffnet. Publikumsdauerbrenner wie David Hockneys »A Bigger Splash« oder John Everett Millais' »Ophelia« sind weiterhin prominent platziert. Gleichzeitig wird die Ausstellung durch die Einbeziehung übersehener Künstler vielfältiger. Die Neuhängung spiegelt hier vor allem auch den Beitrag von Frauen wider, von Joan Carlile (1606–1679) und Mary Beale (1633–1699), den ersten professionellen Malerinnen Großbritanniens in der Tudor-Ära, bis hin zu modernen Meisterinnen wie der herausragenden Bildhauerin Barbara Hepworth (1903–1975) oder der wenig bekannten Surrealistin Ithell Colquhoun (1906–1988). Insgesamt die Hälfte der ausgestellten lebenden Künstler ist weiblich.

Nach einem Rundgang durch die Tate Britain setzt man sich dann am besten auf die großen Stufen, die zum Eingang führen, genießt den Blick auf die Themse und freut sich, dass man in einer der teuersten Städte der Welt so viel Inspiration vollkommen umsonst serviert bekommt.

← In der Tate Britain spazieren Besucher von einem britischen Kunstjahrhundert ins nächste.
↓ Seit 2000 pilgern Freunde moderner Kunst in die Tate Modern in einem ehemaligen Kraftwerk an der Themse.

INFO

VON TATE ZU TATE
Eine gute Möglichkeit, Londons beherrschende Kunstmuseen am Themseufer zu sehen und gleichzeitig Sightseeing vom Fluss aus zu machen, ist das »Tate Boat«: Die Routen RB1 (wochentags) und RB2 (Wochenende) der Thames Clippers Schiffe verbinden von der Haltestelle Millbank die Tate Britain mit der Tate Modern am Bankside Pier bzw. umgekehrt. Auf der Fahrt liegen mit Big Ben, den Houses of Parliament sowie der South Bank mit der Royal Festival Hall und Shakespeare's Globe einige der Hauptsehenswürdigkeiten im Zentrum auf dem Weg, und die Flussperspektive ist um einiges entspannter.

WEITERE INFORMATIONEN
www.tate.org.uk/visit/tate-britain
www.thamesclippers.com

Im Holland Park an der Kensington High Street wartet ein japanischer Garten.

WESTEN

Themsezauber, Traumhäuser und
ganz viel Grün

12

RICHMOND

LÄNDLICH, IDYLLISCH, TROTZDEM LONDON

Rund 20 Kilometer vom Stadtzentrum liegt im Südwesten eine grüne Oase. Als Stadtteil des London Borough of Richmond-upon-Thames gehört Richmond offiziell zur Stadt und ist innerhalb der Tube-Zone 4 gut zu erreichen. Aber nichts könnte weniger urban sein als die bukolische Idylle am Fluss.

In Richmond wohnen die glücklichsten Briten. Zumindest laut dem »Happy at Home«-Index der Immobilien-Website Rightmove, in dem 2023 mit dem Dorf an der Themse zum ersten Mal ein Londoner Stadtteil auf Platz eins landete. Ja, logisch, sagen Zyniker jetzt, wir befinden uns hier auch in einer Enklave der »Reichen und Schönen«. Aber so lassen wir das nicht stehen. Denn man muss weder reich noch schön sein oder in Richmond ein Haus haben, um von den Glücksvibes etwas abzubekommen. Die Flusslage, der Richmond Park, der größte unter den Royal Parks, die bildschönen Ausblicke – all das bekommt man völlig umsonst. Und wenn Ihnen beim Rundgang etwas bekannt vorkommt, dann haben Sie möglicherweise die international erfolgreiche Apple-TV-Comedy-Serie »Ted Lasso« gesehen, die im Stadtteil Richmond spielt.

Spaziergang mit königlichen Spuren

Wir starten unseren Spaziergang am Bahnhof Richmond, gleichzeitig Endstation der District Line, und lassen die enge Hauptstraße nach einigen Schritten direkt links liegen. Eine Reihe kleiner Fußgängergassen führt zum Village Green, und schon ist man mittendrin in der Dorfidylle.
Um die weite, offene Dorfwiese, auf der bei schönem Wetter gepicknickt, geschlafen, Zeitung gelesen und mit Kind und Hund gespielt wird, stehen auf der Südwest- und Südostseite hübsche Häuser aus dem 17. und 18. Jahrhundert. Am auffälligsten ist der Backsteinbau des Richmond Theatre von 1899 in der Nordostecke, das der für seine Theaterbauten bekannte britische Architekt Frank Matcham entworfen hat. Der Village Green ist auch der einzige Platz in Richmond, wo sich Spuren des alten Richmond Palace finden lassen, der von Heinrich VII. Ende des 15. Jahrhunderts an der Stelle eines abgebrannten Vorgängerpalastes errichtet wurde. In der südwestlichen Ecke des Platzes ist noch das Tudor Gateway, ein Eingangstor, zu sehen. Die Old Palace Lane führt hier direkt an das Themseufer. Anders als im Zentrum der Stadt verläuft der Uferweg in Richmond unmittelbar am Wasser und entsprechend populär ist die Richmond Riverside. Bootshäuser, Fahrrad- und Bootsverleih, Pubs, Terrassen mit Bänken – hier wird die Nähe zur Themse genossen, die auf dem Weg in den Westen zu einem idyllischen Flüsschen geworden ist. Ein Spaziergang – am besten unter der Woche, wenn weniger einheimische Ausflügler Richmond bevölkern – gehört zu den unerwarteten ländlichen Vergnügen, die London zu bieten hat.

Richmond ist übrigens sehr beliebt bei deutschen Londonern, was nicht nur an der Deutschen Schule im benachbarten Petersham liegt, sondern sicher auch an dem weiteren »Stück Natur« pur, das zu dem Stadtteil gehört. Der grandiose Richmond Park umfasst fast 1000 Hektar hügeliges

→ Ausblick auf die Themse auf dem Weg hoch zum Richmond Park

Gras- und Farnland sowie Waldungen mit uralten Eichen nebst Rot- und Damwild. Beim ersten Besuch mag man kaum glauben, dass dieser Ort, Europas größter Stadtpark, auch ein Stück London ist. Besonders schön: die Aussicht ins Themsetal von der Pembroke Lodge und ganz in der Nähe der Blick vom höchsten Punkt des Parks, dem King Henry VIII's Mound, in Richtung Osten bis zur St. Paul's Cathedral in der Stadt. Wer Ende April/Anfang Mai vor Ort ist, sollte seine Schritte unbedingt noch in Richtung Isabella Plantation lenken, die sich weiter hinten im Park versteckt. Der 16 Hektar große Waldgarten ist voller Azaleen, die Teiche und Bäche säumen. Die Farbenpracht ihrer Blüte in allen Schattierungen von Pink, Violett und Rot im Zusammenspiel mit dem Grün der Bäume hinterlässt Bilder im Kopf, an denen man sich ein Leben lang erfreuen kann.

Lauschige Uferecken und Hippie-Kommune

Lust auf noch mehr schöne Anblicke? Kein Problem. Die gibt es auf dem Weg zum Park, der auf einer Anhöhe über Richmond liegt, vom Richmond-Hill-Aussichtspunkt an den Terrace Gardens. Von hier reicht der Blick über das bewaldete Themsetal, das weitab vom Stadttrubel noch genauso friedlich daliegt wie vor Hunderten von Jahren. Besonders gut sieht man dann auch den mäandernden Verlauf, den die Themse in Richmond nimmt und der dazu führt, dass der Stadtteil zwar gegenüber East Twickenham am Südufer der Themse liegt, sich jedoch aufgrund der starken Themsebiegungen unmittelbar nördlich und nordöstlich seines Flussabschnitts befindet.

Apropos Twickenham, das wie Richmond zum Verwaltungsbezirk London Borough of Richmond-upon-Thames gehört: Die wenigen Schritte über die Richmond Bridge zum Nordufer lohnen sich, um von dort in Richtung Westen entlangzuspazieren. Hier wird es noch lauschiger am Fluss, mit schönen Blicken auf die Richmond-Seite und Uferstellen, die zum Verweilen einladen. Wer dem Weg für gut 30 Minuten folgt, kann dann noch einen Blick auf eine Hippie-Kommune werfen, die Ende der 1960er-Jahre auf Eel Pie Island entstanden ist. Zu diesem Zeitpunkt war die Insel bereits legendär, da im dortigen Eel Pie Island Hotel Rockgrößen wie Pink Floyd, The Who und die Rolling Stones auftraten. Heute leben auf der Privatinsel, die über eine Brücke mit Twickenham verbunden ist, um die 120 Menschen, und es gibt eine Reihe von Ateliers. Man bleibt aber gerne unter sich. Die Öffentlichkeit ist nur zweimal im Juni oder Juli sowie im Dezember zum Tag der offenen Tür in die Künstlerstudios eingeladen.

↖ Die Natur malt die besten Bilder: Farbenspiele im Waldgarten der Isabella Plantation.
← Kleine Gassen führen von der Hauptstraße in Richmond zum Village Green.
↗ Traumhafte Häuser in Richmond: Wer würde hier nicht gerne wohnen?

INFO

GÄRTNEREI MIT KULINARIK-BONUS

Man könnte die Petersham Nurseries mit dem Wort Gartenzentrum bezeichnen. Das würde diesem zauberhaften Ort allerdings nicht gerecht, denn diese Gärtnerei hat so gar nichts mit den funktionalen Orten für Grünes zu tun, wie man sie in Deutschland kennt. Die Petersham Nurseries, die man westlich des Zentrums von Richmond über eine Themsewiese erreicht, sind das, was man heutzutage »instagrammable« nennt: charmant, mit Vintage-Touch und einfach schön. Egal, ob man gärtnert oder nicht, in den Gewächshausern und zwischen all den herrlichen Pflanzen und Blumen umherzuschlendern, ist ein Genuss. Aber das ist noch nicht alles: Die Petersham Nurseries sind seit Jahren bekannt für ihre in das Gärtnereigelände integrierte Gastronomie. Im Tearoom ist jeder tagsüber für Frühstück, Lunch und Afternoon Tea willkommen. Im gehobenen Petersham Nurseries Restaurant, das für seine nachhaltige Philosophie mit einem Green Michelin Star ausgezeichnet wurde, muss man reservieren. So schön haben Sie vielleicht noch nie im Grünen gespeist.

WEITERE INFORMATIONEN

www.royalparks.org.uk/visit/parks/richmond-park
www.petershamnurseries.com

Die Petersham Nurseries laden zu einer originellen Pflanzen- und Blumenschau ein.

13

GUNNERSBURY PARK

TRAUMGRÜN MIT LANGER GESCHICHTE

Freunde treffen, mit dem Hund spazieren gehen, joggen, einen Wochenendspaziergang machen, Bootchen fahren, durchs Museum schlendern – all das machen Westlondoner im historischen Gunnersbury Park. Gesellen Sie sich dazu!

Wenn London eines besonders gut kann, dann sind es Parks. Der touristische Blick bleibt meist auf Hyde Park und Co. im Zentrum beschränkt. Dabei erlauben gerade die *local parks* in den Stadtbezirken außerhalb der Tube-Zone 1 – dort, wo Londoner wirklich leben – überraschende Einblicke und neue Perspektiven. Wie der Gunnersbury Park, für den sich die Fahrt zur Station Action Town, besonders an einem sonnigen Tag, lohnt. Der 72 Hektar große, denkmalgeschützte Park mit weiten Rasenflächen (Picknick!), Gärten und kleinen Seen hat eine lange Geschichte. Der Name geht sogar zurück bis in die Zeit, als England unter der Herrschaft der Wikinger stand. Denn Gunnersbury soll nach Gunilda benannt sein, einer der Nichten von Knut dem Großen, die bis 1044 auf einem Grundstück im Westen von London lebte.

Vom Bischof zum Banker

Im Lauf der folgenden Jahrhunderte ging der heutige Gunnersbury Park durch viele Hände. Im Mittelalter war das Land im Besitz der Bischöfe von London, im 17. Jahrhundert wurde es von dem Anwalt und Politiker Sir John Maynard gekauft, der dort ein Herrenhaus errichten ließ. Im 18. Jahrhundert wurde Prinzessin Amelia, Tochter von Georg II., Besitzerin und nutzte das Anwesen als Sommerresidenz. Nach ihrem Tod wurde alles abgerissen, und das aufgeteilte Grundstück ging an zwei Käufer, die im frühen 19. Jahrhundert jeweils ein »Großes Herrenhaus«, das gemeinsam mit dem dazugehörigen Land als Gunnersbury Park bekannt wurde, und ein »Kleines Herrenhaus« bauten. 1835 erwarb der aus Deutschland eingewanderte Bankier Nathan Mayer Rothschild Gunnersbury Park, einige Jahre später kaufte seine Familie das benachbarte kleinere Gebäude dazu.

Im letzten Kapitel der Geschichte verkaufte die Rothschild-Familie das Land Anfang des 20. Jahrhunderts an die Stadtverwaltungen der Bezirke Ealing und Acton unter der Bedingung, dass es nur für Freizeit- und Erholungszwecke genutzt werden dürfe. 1926 wurde der Gunnersbury Park eröffnet. Inzwischen wird er vom Stadtbezirk Hounslow verwaltet, der ihn von 2014 bis 2018 aufwendig instand setzte. Beim Spaziergang durch die fantastische Anlage mit fast 2500 Solitärbäumen, einige davon über 200 Jahre alt, sehen Besucher die Hinterlassenschaften der diversen Besitzer, darunter ein an einem Teich platzierter Tempel, der in die Zeit von Prinzessin Amelia zurückgeht, und die von den Rothschilds in Auftrag gegebene Orangerie am sogenannten Hufeisenteich (besonders schön zum Verweilen!).

Schauen Sie unbedingt auch in die ehemalige Residenz der Bankiersfamilie, in der einige Rothschild-Räume zu besichtigen sind und seit 1929 ein Museum für die lokale Geschichte von Ealing und Hounslow untergebracht ist. Denn solche Stadtteilmuseen sind in London immer gut für Überraschungen. In diesem erfährt man zum Beispiel dass die Mathematikerin Ada Lovelace (1815–1852), Erfinderin des ersten Computerprogramms und Tochter des Dichters Lord Byron, Wurzeln in Ealing hat.

← Blick auf die ehemalige Rothschild-Residenz: Die Orangerie kann für private Anlässe gemietet werden.
↓ Das Gelände von Chiswick House ist im Sommer die perfekte Kulisse für Open-Air-Theater und -Musik.

INFO

EXQUISITES HÄUSCHEN AN DER THEMSE

Wenn Sie schon in dieser Ecke Westlondons sind, bietet sich ein Abstecher zum Chiswick House an, Großbritanniens erstes und erlesenstes Beispiel für neo-palladianische Architektur. In zwei Stationen geht es von Acton Town zu Chiswick Park und dann zu Fuß ca. 20 Minuten bis zu dem zwischen 1720 und 1730 von dem dritten Earl of Burlington errichteten Ensemble an der Themse. Fast noch berühmter als die klassische Villa ist der dazugehörige Garten, da er die Geburtsstunde des englischen Landschaftsgartens verkörpert, der mit seiner Leitlinie, Gartendesign von der Natur inspirieren zu lassen, zum Vorbild für viele große Parks weltweit wurde.

MEHR INFORMATIONEN

www.visitgunnersbury.org
www.english-heritage.org.uk/visit/places/chiswick-house

14

HAMMERSMITH

SUNDOWNER AM FLUSS

Idyllische Flussansichten, urige Pubs, einige der schönsten historischen Häuser der Stadt und Einblicke in eine Künstlerenklave: auf nach Hammersmith, wo sich Londons attraktivste Flusspromenade versteckt.

Hammersmith – das ist ein Stadtteil und Verkehrsknotenpunkt im Westen Londons, wo sich eine der Hauptausfallstraßen mit mehreren anderen Hauptstraßen in Form eines Monsterkreisverkehrs mit fast 200 Metern Durchmesser trifft. Mitten drin steht ein Busbahnhof mit Tube-Station. All das eingerahmt von modernen Bürogebäuden. Hört sich nicht gut an, oder? Nichtsdestotrotz ist Hammersmith eines der bestgehüteten Geheimnisse im zentrumsnahen Westen der Stadt. Das hat mit der Flusslage dieses ehemaligen Fischerdorfs zu tun, das im 13. Jahrhundert zum ersten Mal erwähnt wurde. An einem Sommertag wie auch an jedem Schönwettertag unabhängig von der Jahreszeit ist die »Hammersmith Riviera« einer der schönsten Orte in London.

Historische Brücke mit modernen Problemen

Dafür lässt man die Hammersmith Station hinter sich und marschiert über die Queen Caroline Street in Richtung Fluss zum Themsepfad, der auf 296 Kilometern den Lauf der Themse begleitet und dessen Londonabschnitt auf insgesamt 64 Kilometern auf beiden Uferseiten beste Spaziergänge im Stadtgebiet ermöglicht. Erster Blickfang hier ist die grandios-grüne Hammersmith Bridge (fantastisches Fotomotiv!), die den Stadtteil mit Barnes am Südufer verbindet.

← Im Osten ist die Tower Bridge ein Blickfang, im Westen die grün gewandete Hammersmith Bridge.

Die schmiedeeiserne Hängebrücke wurde in den 1880er-Jahren von Joseph Bazalgette, Londons großem Ingenieur des Viktorianischen Zeitalters, auf dem Fundament einer Vorgängerbrücke von 1827 gebaut, die schon nach wenigen Jahren dem Verkehr nicht mehr standhalten konnte. Auch die derzeitige Hammersmith Bridge leidet angesichts des gnadenlosen Londoner Straßenverkehrs schon seit Jahrzehnten unter strukturellen Problemen. Seit April 2019 ist sie komplett für den Verkehr gesperrt, nachdem Risse in den Pfeilern der Brücke entdeckt wurden.

Die vielen Pendler, die von Barnes her jeden Morgen die Brücke nach Hammersmith überqueren, standen damals über Nacht vor »verschlossenen Türen«. Wer jetzt mit dem Auto von Barnes nach Hammersmith möchte, muss einen 30-minütigen Umweg über die nächstgelegenen Brücken in Chiswick im Westen oder Putney im Osten in Kauf nehmen. Straßenbrücken sind in London im Vergleich mit anderen Städten allemal eher dünn gesät: Ohne die Hammersmith Bridge sind es gerade einmal 17 Stück. Zum Vergleich: Im Zentrum von Paris, das sich über etwa ein Drittel derselben Strecke erstreckt, gibt es 37 Brücken. Ab August 2020 war die Hammersmith Bridge auch für Fußgänger knapp ein Jahr lang gesperrt. Seitdem kann man die Themse zumindest zu Fuß wieder überqueren. Und um das millionenteure und inzwischen zu einem Politikum gewordene Endlos-Bauprojekt, das die Brücke wieder autotauglich machen soll, müssen wir uns zum Glück an dieser Stelle nicht weiter kümmern.

← Hier lässt es sich wohnen: Häuser an der Lower Mall mit Themseblick.
↙ Oder gefällt Ihnen das besser? Auf der Chiswick Mall haben die Anwesen Gärtchen am Flussufer.
↘ An der Hammersmith-Riviera können sich Gäste über eine freie Pubauswahl freuen.

Von Traumhäusern und visionären Gestaltern

Denn wir sind zu Fuß unterwegs und gehen westlich weiter, immer am Fluss entlang über Upper Mall, Lower Mall und Hammersmith Terrace bis hin zur Chiswick Mall, freuen uns dabei über den Blick auf das grüne Themseufer auf der gegenüberliegenden Seite und das charmante Hammersmith-Ufer mit Pubs, Bootshäusern und einer interessanten Vergangenheit, die es hier zu entdecken gibt: Hammersmith war im 19. Jahrhundert eine kleine Enklave für prominente Vertreter der britischen Arts-and-Crafts-Bewegung. Diese Reformbewegung kombinierte soziale Ideen mit gestalterischer Innovation und beeinflusste mit ihren Vorstellungen von Handwerk sowie Einfachheit in Form und Material unter anderem den Deutschen Werkbund und das Bauhaus. Ihr Begründer William Morris (1834–1896) war ein rühriges Universaltalent, das auch die sozialistische Bewegung in Großbritannien mitbegründete. Der Maler, Architekt, Dichter, Ingenieur und Drucker lebte von 1878 bis 1896 an der Adresse 26 Upper Mall im Kelmscott House, das heute im Kellerbereich und ehemaligen Coach House die William Morris Society beherbergt, die hier ein Museum betreibt.

Ein Stück weiter wohnten und arbeiteten auf der Hammersmith Terrace eine ganze Reihe von Arts-and-Crafts-Vertretern in schmalen, hohen Häusern aus den 1770er-Jahren – eine Art früher Reihenhaussiedlung, die hinter einer Flutmauer mit Gärten zur Themse gebaut worden war. Einer davon war der englische Drucker und Typograf Emery Walker an der Adresse 7 Hammersmith Terrace. Er gründete 1900 mit dem Buchbinder Thomas James Cobden-Sanderson einige Häuser weiter die Doves Press, eine Druckwerkstatt, deren Arbeiten auch deutsche Drucker und Buchkünstler beeinflusst haben. Sein Wohnhaus mit dem gut erhaltenen Art-and-Crafts-Interieur ist heute ein kleines Museum und kann zwischen März und November im Rahmen von geführten Touren besichtigt werden.

Wenn man sich zum jetzigen Zeitpunkt des Hammersmith-Spaziergangs nicht bereits in das eine oder andere der Anwesen an der Themse verliebt hat, passiert das spätestens auf der Chiswick Mall, die als Nächstes folgt. Denn hier reihen sich einige echte Traumhäuser, ob strahlend weiß oder kleine, fast komplett zugewachsene Backsteinschlösschen mit Eisengeländern – alle mit kleinen, separaten Gartengrundstücken an der Themse. Man könnte neidisch werden. Besser aber, man gönnt sich ein Glas in einem der Pubs auf dem Weg, wie das urige The Dove, ein ehemaliges Kaffeehaus aus dem 17. Jahrhundert, mit einer Bar, die als kleinste im Guinness Book of Records steht, oder The Old Ship, dessen Balkon einen fantastischen Themseblick bietet.

INFO

ARBEITEN, ESSEN, FEIERN

London wäre nicht London, wenn es nicht auch an einem unattraktiven Ort wie dem Hammersmith Kreisverkehr eine schöne Überraschung gäbe: Buchstäblich eingequetscht zwischen Tube-Station und dem mehrspurigen Kreisverkehr steht das denkmalgeschützte Bradmore House, dessen beeindruckende Fassade aus dem 18. Jahrhundert mit geschwungener Freitreppe jeden überrascht, der aus dem Hinterausgang der Hammersmith Station tritt. Seit 2019 »wohnt« hier Kindred, eine Kombination aus Restaurant/Café und Veranstaltungsort mit Co-Working-Space. Im Untergeschoss kann man ganztägig essen und trinken. Wer in Zeiten von mobilem Arbeiten beim Londonbesuch den Laptop dabei hat, kann sich in den cool-gemütlich eingerichteten Räumen (tolle Bibliothek!) des darüberliegenden Gebäudes betätigen und einen für Londoner Verhältnisse sehr günstigen Tagespass für Co-Working unkompliziert online buchen. Für die Abendunterhaltung gibt es jede Woche Livemusik.

MEHR INFORMATIONEN

www.williammorrissociety.org
www.emerywalker.org.uk
www.dovehammersmith.co.uk
www.oldshiphammersmith.co.uk
www.wearekindred.com

Multifunktionales Gebäude: tagsüber Co-Working, abends Livemusik, Comedy und Cocktails

15

LONDON WETLAND CENTRE

URBANES NATURRESERVAT

Der bei Familien beliebte Stadtteil Barnes an der Themse hält eine Londoner Überraschung bereit: Hier wurden vier nicht mehr genutzte viktorianische Bassins zu einem Feuchtbiotop umfunktioniert, in dem nicht nur viele Wildvögel ein Zuhause gefunden haben, sondern Großstädter auch tief durchatmen können.

Ist das noch London? Eine berechtigte Frage – inmitten einer Wasserlandschaft, umringt von Schilf, Gras und Vogelbeachtungsstationen. Der Blick auf charakteristische Londoner Gebäude wie den BT Tower erinnert dann wieder daran: Das Zentrum Londons ist gar nicht so weit. Das London Wetland Centre, das größte urbane Feuchtgebiet in Europa, wurde 2000 am Südufer der Themse im Stadtteil Barnes eröffnet. Von der Hammersmith Station

aus führte zu Zeiten einer geöffneten Hammersmith Bridge eine kurze Busfahrt zur Anlage. Zu Fuß dauert es gut eine halbe Stunde. Alternativ fährt man mit dem Zug aus der Stadt zum Bahnhof Barnes und erreicht das Wetland Centre dann nach 20 Minuten Spaziergang.

Vogelfreunde werden hier besonders glücklich. Über 200 Vogelarten kann man hier sichten, einschließlich Kiebitze, Sperber, Eisvögel, Zwergtaucher und vieles mehr. Aber übermäßiges Interesse an Wildvögeln ist keine Voraussetzung für einen Besuch des Wetland Centre, der einfach ein wunderbarer Ort für einen entspannten Spaziergang ist. Malerische Pfade durchziehen die Seen und Wiesen. Abschalten und Luftholen funktioniert hier sehr gut, und nebenbei nimmt man viel Wissenswertes zu Flora und Fauna mit.

Auf zur Vogelfütterung

Das Gelände kann über zwei Rundgänge erkundet werden. Auf der Südroute gelangt man am Ende zum Peacock Tower, dem höchsten der Vögelbeobachtungstürme mit einer guten Aussicht über den Grazing Marsh, Marschland mit Vieh, und am Horizont die Silhouette der Stadt. Zu Beginn der Route gibt es einige sehr schön angelegte kleine Gärten. Auf der Westroute bieten sich idyllische Ecken für ein Picknick an. Und in der Wildside kann man wunderbar ziellos umherschlendern, auf sich windenden Pfaden, zwischen Schilf und kleinen Seen. Das Zentrum bietet täglich Touren über das Gelände an. Sehr beliebt – besonders bei Kindern – sind auch die Vögelfütterungszeiten. Enten und Gänse tauchen dann plötzlich wie auf Kommando aus dem Wasser auf und marschieren in Richtung Futtereimer. Ähnlich unterhaltsam wird es, wenn eine Gruppe von Ottern gefüttert wird, für die eine spezielle Lebenswelt angelegt wurde.

Am Eingang zum Besucherzentrum bitte noch einen Blick auf die Statue von Peter Scott werfen. Der Sohn des Antarktisforschers Robert Scott war Ornithologe und Mitbegründer des World Wildlife Fund. Er rief den Wildfowl and Wetland Trust ins Leben, der heute im ganzen Land insgesamt zehn Wetland Centres unterhält. Der Londoner Ableger wurde 2012 in einer Umfrage des BBC Countryfile Magazins zum Lieblingsnaturschutzgebiet der Leserschaft in Großbritannien gewählt. Da das Magazin mit diesem Preis an sich alles Ländliche würdigt, entbehrt es nicht einer gewissen Ironie, dass sich die Leserschaft für ein Naturschutzgebiet in der Hauptstadt des Landes entschieden hat. Aber das Wetland Centre ist eben auch was ganz Besonderes.

INFO

AUF DEM THEMSE-TREIDELPFAD

Nehmen Sie sich etwas Zeit für Barnes, ein weiteres dieser versteckten Dörfer Londons. Die gute Anbindung ans Zentrum mit zwei Bahnhöfen macht den Ort zu einer begehrten Wohngegend, aber es ist vor allem die Themselage, die Menschen hierherzieht. Über die kleinen Hauptstraßen Church Road und Barnes High Street kommt man vom Wetland Centre zum Fluss. Der Blick auf das gegenüberliegende Chiswick-Ufer mit seinen historischen Hausfassaden ist herrlich. Im Frühjahr, wenn die jährliche Ruderregatta zwischen den Universitäten Oxford und Cambridge auf der Themse ausgetragen wird, drängen sich hier die Zuschauer. Tipp: auf dem alten Treidelpfad, bedeckt von Baumkronen, in Richtung Osten bis zur Höhe der Hammersmith Bridge spazieren – grün, idyllisch und begleitet von den Ruderern, die hier ihre Bahnen ziehen.

WEITERE INFORMATIONEN

www.wwt.org.uk/wetland-centres/london

← Inmitten dieser grünen Wasserlandschaft scheint London ganz weit weg.
↑ Bunte Lädchen zieren die High Street im Stadtteil Barnes.

16

FULHAM PALACE

HISTORISCHER BISCHOFSSITZ

Hier ritt schon Elisabeth I. für Banketts mit ihrem Gefolge an, heute ist das Herrenhaus Fulham Palace vor allem ein Liebling der Nachbarschaft. Nachdem über Jahrhunderte insgesamt 133 Bischöfe den Palast bewohnt haben, erfreut sich seit 1974 die Bevölkerung an dem Garten der Anlage, die ein Westlondoner Geheimnis ist.

Bei Fulham Palace geht es weniger um die Besichtigung eines großartigen Palastes. Die Gesamtanlage an der Themse in dem an Hammersmith östlich anschließenden Stadtteil Fulham ist einfach schön. Sie liegt so rundum eingebettet in eine Wohngegend, dass sich hier in ein Stückchen Londoner Leben schnuppern lässt, wenn man sich zu den Familien und Anwohnern gesellt, die den frei zugänglichen Ort als Picknickgarten und zum Spazierengehen nutzen oder sich im Café auf dem Gelände treffen. Fulham Palace war über 1300 Jahre und noch bis 1973 Sitz der Bischöfe von London. In seinem Kern besteht das Anwesen aus einem Tudor-Palast (unbedingt in den aus rotem Backstein errichtete Tudor-Innenhof schauen!), auf der Rückseite der ursprünglichen Struktur befindet sich ein eleganter georgianischer Anbau mit Blick auf eine große von Bäumen umsäumte Rasenfläche. Hier befindet sich praktischerweise auch das Café mit Terrasse. Aber bevor man sich hier einen Platz sucht und vorstellt, man sei Besitzer dieser Traumanlage, empfiehlt sich ein Rundgang durch den botanischen Garten, der als bedeutende historische Landschaft geschützt ist.

Ein gärtnerisches Schmuckstück

Die ursprünglich 14 Hektar, von denen noch fünf übrig sind, waren einst von Englands längstem Schlossgraben umgeben. Der Garten in seiner heutigen Form, mit vielen seltenen Bäumen wie einer 500 Jahre alten Steineiche, geht weitgehend auf Bischof Terrick zurück. Er gestaltete ihn im späten 18. Jahrhundert für eine bessere Aussicht auf den Fluss um und legte das gärtnerische Schmuckstück der Anlage an, einen *walled garden*, der von einer alten Tudormauer umgeben ist. Innerhalb der Backsteinmauern liegt eine 1,4 Hektar große grüne Oase, die man sich am liebsten genauso – sofern der Platz es erlaubt – in den eigenen Garten beamen würde. Die perfekte Kombination aus farbenfrohen Pflanzen, Obstbäumen und Freiflächen wurde 2012 nach einer umfassenden Restaurierung wiedereröffnet. Zu bewundern sind unter anderem ein Knotengarten, Weinreben, ein Küchengarten und eine Apfelbaumplantage. Bienenstöcke gibt es auch. Suchen Sie sich hier einen Platz auf einer Bank und genießen Sie einfach. Falls Sie ein Andenken an dieses besondere Westlondoner Moment suchen: In der Mitte des Gartens steht ein historischer Marktkarren, an dem neben dem im Garten produzierten Biogemüse auch der hauseigene Honig verkauft wird.

Wer sich mehr für die historischen Räumlichkeiten interessiert – einschließlich der großen Tudor Hall und einem kleinen Museum – kann sich online für einen Besuch des Palastes anmelden (kostenlos und nach Zeitfenstern gestaffelt). Tipp: Am Wochenende am besten vor 11 Uhr kommen, damit man die Außenanlage weitgehend für sich selbst hat, bevor die Nachbarschaft einzieht. Der Garten ist von Sonnenauf- bis Sonnenuntergang geöffnet (*walled garden* ab 10.15 Uhr), das Café ab 9.30 Uhr.

← Kopf einziehen, bitte: Das Tor zum *walled garden* lässt Rückschlüsse auf die Körpergröße in Tudorzeiten zu.
↓ Gartenterrasse hinter dem Fulham Palace: Ob die Bischöfe hier früher auch gerne eine Tasse Tee tranken?

INFO

FUSSBALL AM FLUSS

Ein historischer Bischofssitz und ein historisches Fußballstadion sind in London direkte Nachbarn. Fünf Minuten dauert der Spaziergang in Richtung Westen, und man steht vor Craven Cottage. Londons ältestes Fußballstadion, in dem seit 1896 der Premier-League-Club FC Fulham spielt, liegt – typisch für Londoner Stadien – mitten in einem Wohngebiet. Die denkmalgeschützte Backsteinfassade hat so gar nichts mit dem hypermodernen Stadionlook zu tun, den man kennt. Auf der Themseseite nimmt dafür seit Jahren das moderne Gesicht des Stadions Gestalt an, unter anderem mit einer neuen Riverside Tribüne, die für die Saison 2023/24 eröffnet wurde. Für Fußballinteressierte: Stadiontouren geben Einblicke in die lange Geschichte von Craven Cottage – und natürlich die Umkleidekabinen.

WEITERE INFORMATIONEN

www.fulhampalace.org
www.fulhamfc.com/visit/craven-cottage-tours

17

BROMPTON CEMETERY

ZWISCHEN ENGELN UND WILDBLUMEN

Die Viktorianer haben in London viel hinterlassen, was auch im 21. Jahrhundert noch zum Alltag der Menschen gehört. Brompton Cemetery, ein in dieser Zeit angelegter parkähnlicher Friedhof, ist heute beliebt bei Spaziergängern, Joggern und zum Gassigehen. Eine Einladung zu einem Londoner Gräberbummel.

Im 19. Jahrhundert hatte London ein Problem: zu viele Tote und zu wenig Platz. Die Lösung: sieben große, aufwendig gestaltete Friedhöfe, die heute als »Magnificent Seven« bekannt sind. Sie bildeten damals einen Ring um den Rand der Stadt, inzwischen hat die wachsende Metropole sie absorbiert. Highgate Cemetery im Norden ist der bekannteste der »Glorreichen Sieben«. Viele pilgern dort zum Grab von Karl Marx. Der kleinere Brompton Cemete-

ry, der sich im Westen der Stadt zwischen der Old Brompton Road im Norden und Fulham Road im Süden versteckt, ist ein mindestens ebenso herrliches Magnificent-Seven-Exemplar. Hier ruhen auf 16 Hektar über 200 000 Menschen, an die trauernde Engel, efeubewachsene Kreuze, kunstvolle Mausoleen und imposante Säulen erinnern. Der Zahn der Zeit nagt an allem: Manchem Engel fehlen die Flügel, viele Kreuze sind umgestürzt. Aber das macht das Ganze umso atmosphärischer. Brompton Cemetery ist herrlich zum Umherstreifen und in den Sommermonaten ein wahres Wildblumenparadies.

Kathedrale unter freiem Himmel

Mit der Gestaltung der Anlage wollten die Architekten den Eindruck einer Kathedrale unter freiem Himmel vermitteln: von Norden nach Süden führt ein breiter Hauptweg als »Kirchenschiff« zu Kolonnaden und einer Kuppelkapelle aus Sandstein. Die zwei symmetrischen, langen Säulengänge werden von Katakomben flankiert, die als kostengünstigere Alternative zu Gräbern gedacht waren. Von den vielen Tausend Plätzen in ihnen wurden allerdings nur 500 verkauft.

Auf dem 1840 eröffneten Friedhof, der als einziger der Magnificent Seven Eigentum der Krone ist, fallen aufwendig gestaltete Familienmausoleen ins Auge. In den günstigeren Gemeinschaftsgräbern wurden Särge tief in die Erde gestapelt. Zwischen 1952 und 1996 war Brompton Cemetery für Bestattungen geschlossen, mit Ausnahme der Familiengräber und einiger Hundert polnischer Gräber, viele davon für polnische Kriegsveteranen aus dem Ersten und Zweiten Weltkrieg. Inzwischen finden auf dem alten viktorianischen Friedhof wieder Beerdigungen statt, die neuen Grabfelder liegen vor allem im westlichen Teil.

Besucher finden auch in diesem Magnificent-Seven-Friedhof Gräber historischer Persönlichkeiten, wie der Suffragetten-Anführerin Emmeline Pankhurst oder des Arztes John Snow, der als »Bezwinger der Cholera« gilt. Oder wie wäre es mit Sir William Crookes, der im frühen 20. Jahrhundert die Sonnenbrille erfand, oder dem Ingenieur J. P. Knight, der die erste Ampel der Welt entwarf, die 1868 vor den Houses of Parliament aufgestellt wurde? Schauen Sie sich einfach mal um und machen Sie Ihre eigenen Entdeckungen. Zum Abschluss geht es für Kaffee und Kuchen dann in das kleine Café am Nordende der Anlage, um etwaige morbide Gedanken zu vertreiben. Hier befindet sich auch ein Informationszentrum, in dem Fragen zum Friedhof beantwortet werden.

INFO

FLUFFIGE KÖSTLICHKEITEN

Gibt es in London die besten belgischen *cramique*? Entscheiden Sie! Auf der Old Brompton Road, rund 15 Minuten vom Nordende des Brompton Cemetery, stehen Londoner bei Aux Merveilleux de Fred Schlange für diese Brioche-Brötchen mit Rosinen, die es hier in abgewandelter Version auch mit Schokolade, Zucker oder ganz ohne alles gibt. Die Konsistenz erinnert beim Reinbeißen an ein weiches Kissen, das zufälligerweise auch noch himmlisch gut schmeckt. Alternativ probiert man das aus Flandern und Nordfrankreich stammende Baisertörtchen *merveilleux*, das der Bäckerei ihren Namen gibt, eine der Sandwichvarianten – oder alles zusammen.

MEHR INFORMATIONEN

www.brompton-cemetery.org.uk
www.auxmerveilleux.com

← Auf dem Brompton Cemetery wird zum Glück weder gemäht noch sonst irgendwie Ordnung geschaffen.
↑ Ein weiches Brioche-Brötchen, ein süßes Baisertörtchen – *bon appetit* in London!

18

CHELSEA PHYSIC GARDEN

ROMANTISCH UND NÜTZLICH

Hinter der geschäftigen Einkaufsstraße King's Road im feinen Stadtteil Chelsea liegt eingerahmt von alten Mauern an der Themse eine gänzlich unerwartete Oase der Ruhe, in der man viel über die Bedeutung von Pflanzen für uns Menschen lernen kann: Treten Sie ein in einen 350 Jahre alten botanischen Garten.

1673 gründete die Society of Apothecaries einen Heilkräutergarten in Chelsea, damit Apothekerlehrlinge medizinische Pflanzen studieren konnten. Auf 1,6 Hektar finden sich hier heute rund 4000 Nutz-, Heil- und Esspflanzen, denn auch im 21. Jahrhundert führt der Chelsea Physic Garden seine Arbeit fort, die im 17. Jahrhundert begann, als Pflanzen aus aller Welt hierhergebracht wurden, inklusive der ersten Zedern und Baumwolle aus der Südsee.

Pflanzen werden gesammelt, dokumentiert und gepflegt, um sie zu erforschen und der Öffentlichkeit zugänglich zu machen. Ein Besuch des nach der University of Oxford zweitältesten botanischen Gartens des Landes ist eine idyllische Lehrstunde, angereichert mit einer Prise Romantik.

Hinter Mauern in Chelsea

Wie ressourcenreich die Natur ist, wie viele Zutaten uns Pflanzen für das tägliche Leben zur Verfügung stellen. Solche Gedanken können einem durch den Kopf gehen, wenn man auf den ordentlich angelegten Wegen des Chelsea Physic Garden wandelt und in die Beete späht. Alles, was hier wächst, hat irgendeinen Sinn. Im Zentrum der Anlage steht die Statue eines Mannes, ohne den es den Chelsea Physic Garden in seiner heutigen Form nicht gäbe.

Der Arzt, Naturforscher und Sammler Hans Sloane (1660–1753), dessen Kollektion an Kuriositäten den Kern des British Museum bildete, erwarb 1713 ein Anwesen, das an das Gartengrundstück angrenzte und überließ dieses der Apothekergesellschaft für eine jährliche Miete von 5 £, die heute noch an seine Erben gezahlt wird. Als Gegenleistung verlangte er, dass jedes Jahr 50 Pflanzenarten an die Royal Society, deren Präsident er war, geliefert werden. Die Statue blickt auf den ältesten, von Menschenhand geschaffenen Steingarten in Europa, der nun unter Denkmalschutz steht. Kein Wunder, enthält er doch sowohl gemeißelte Steine aus dem Tower of London als auch Lavasteine, die 1772 bei einer Island-Expedition als Schiffsbeschwerer dienten.

Beeindruckt? Es gibt noch mehr, wie den größten fruchttragenden Olivenbaum Großbritanniens und den weltweit nördlichsten im Freien wachsenden Grapefruitbaum. Dem besonderen Mikroklima sei gedankt, das auf die hitzespeichernden Steinmauern um den Garten und dessen Südlage zurückzuführen ist. Ganz abgesehen von seiner wissenschaftlichen Bedeutung ist der Chelsea Physic Garden aber auch ein romantischer und idyllischer Ort mit versteckten Ecken und Bänken – eine grüne Oase, die sich hinter Mauern verbirgt und irgendwie etwas Verwunschenes hat. Am Nordende fügt sich harmonisch ein Gebäude in die Anlage, in dem sich neben Büros das Physic Garden Café befindet. Wenn im Sommer die Gäste an den auf dem Rasen vor dem Café verteilten Tischen sitzen, fragt man sich, warum diese Szenerie noch nicht für eine Rosamunde-Pilcher-Produktion entdeckt wurde. Wobei, besser nicht! Der Zauber des Chelsea Physic Garden soll ja erhalten bleiben.

← Im Zentrum des Gartens gebührt der Statue seines Initiators Hans Sloane ein Ehrenplatz.
↓ Wichtiger Treffpunkt auf der King's Road: der Duke of York Square für Bummeln, Essen und Trinken

INFO

SHOPPEN AUF DER KING'S ROAD

Wir wollen uns nichts vormachen: Wer nach London kommt, will (auch) shoppen. Nur wenige Minuten nördlich des Botanischen Gartens liegt die in den Swinging Sixties bekannt gewordene King's Road, auf der genau das wunderbar und abseits des Touristentrubels auf den großen Einkaufsmeilen im Zentrum geht. Besonders schön ist der Duke of York Square am Ostende der Straße. Hier liegt die Saatchi Gallery für wechselnde Kunstausstellungen (und falls man eine Toilette benötigt, ohne irgendwo einen Kaffee zu trinken) und findet an Samstagen ein – wie es sich für das schicke Chelsea gehört – Fine Food Market statt. Beliebt bei den Locals und sehr lecker als Alternative zum klassischen Restaurantbesuch.

WEITERE INFORMATIONEN

www.chelseaphysicgarden.co.uk
www.kingsroad.co.uk

19

ROYAL HOSPITAL CHELSEA

PRUNKVOLLES ALTERSHEIM

Zwischen King's Road und Themse versteckt sich auf der Royal Hospital Road eine Londoner Kuriosität. Das Royal Hospital Chelsea ist anders als es der Name vermuten lässt kein Krankenhaus, sondern ein Veteranenheim, das 1682 von König Karl II. initiiert wurde.

Beim Bummel über die King's Road könnten einem ältere Herren in Uniformen auffallen: Diese sogenannten Chelsea Pensioners sind ehemalige Angehörige der British Army, die ihren Lebensabend direkt hinter der Einkaufsstraße in einem Altersheim der besonderen Art verbringen, das seit 1692 Soldaten im Ruhestand eine Heimat bietet. Da Karl II. für den Entwurf des Royal Hospital Chelsea den Meister des englischen Barocks, Sir Christopher

Wren, beauftragte, hat London mehr als 330 Jahre später eine prachtvolle Seniorenresidenz. Zu dem um drei Höfe angelegten Komplex gehört ein dreiflügliges Hauptgebäude in U-Form, das einen Ehrenhof mit Themseblick umschließt. Die rund 275 Armee-Pensionisten sind in den Flügeln untergebracht. Bis weit ins 20. Jahrhundert geschah das zu Bedingungen, die denen im 17. Jahrhundert nicht unähnlich waren. Die damaligen Bewohner hatten 1,8 mal 1,8 Meter große Schlafkojen, die in den 1950er-Jahren auf 1,8 mal 2,7 Meter vergrößert wurden. Im 21. Jahrhundert wurde klar, dass der historische Bau in die Neuzeit geholt werden muss.

Modernisierung für ein historisches Altersheim

Seit einem 2008 gestarteten, mehrjährigen Modernisierungsprogramm bieten die Schlafkojen nun Platz für einen integrierten Wohn- und Schlafraum, ein eigenes Bad und einen Mini-Arbeitsbereich. Klein ist das immer noch, das Leben der Rentner – und seit 2009 auch einiger Rentnerinnen – spielt sich aber außerhalb ihrer Räume ab: auf dem langen Gemeinschaftsflur, an dem sich pro Etage 23 Zimmer aneinanderreihen, in den großzügigen Aufenthaltsräumen und überall auf dem 27 Hektar großen Gelände, wo man umherschlendert oder flott mit dem Mobility Scooter unterwegs ist. Seit der Modernisierung gibt es auch eine Krankenstation, einen Fitnessraum, ein Hydrotherapiebecken, Hobbyräume und ein Café.

Um einen Platz im Altersheim in bester Themselage in einem der begehrtesten Stadtteile Londons kann sich jeder bzw. jede ausgediente Armeeangehörige bewerben, sofern er oder sie – so sehen es die alten Statuten vor – »unbelastet durch einen Ehepartner« ist. Wer aufgenommen wird, gibt seine Armeepension ab und bekommt dafür ein Zimmer, drei Mahlzeiten am Tag und medizinische Versorgung plus diverse Extras, wie kostenlose Tickets für Spiele des Stadtteil-Fußballklubs FC Chelsea und Plätze in der ersten Reihe bei offiziellen royalen Zeremonien, wo die Chelsea Pensioners in ihren knallroten Ausgehuniformen »zur Ausstattung« gehören.

Wer einen Eindruck vom Leben in Londons ungewöhnlichstem Altersheim und der grandiosen Anlage bekommen möchte, kann an von den Pensioners durchgeführten Touren teilnehmen. Dann sieht man auch die prächtige holzgetäfelte Great Hall, in der die Senioren, eingerahmt von einem großen Fresko, Regimentsfahnen und Königsporträts, ihre Mahlzeiten einnehmen. Im Chelsea Royal Hospital ist eben auch die Kantine eine Sehenswürdigkeit.

INFO

RUND UM DEN ORANGE SQUARE

Am schönsten sind immer die Ecken einer Stadt, die eigentlich mittendrin sind, aber trotzdem abseits. Wenige Meter östlich des Royal Hospital Chelsea liegt auf der Pimlico Road solch ein Ort. Vorbei an exquisiten Möbel-, Design- und Antiquitätenshops führt die Straße zu dem kleinen Orange Square, in dessen Mitte eine Mozart-Statue steht. Grund: Auf der Ebury Street, die hier abzweigt, komponierte Mozart an Nummer 180 mit acht Jahren seine ersten Symphonie. Eine *Blue Plaque*, mit der in London Wohnorte bedeutender Persönlichkeiten ausgezeichnet werden, erinnert daran. Samstags findet auf dem Square ein kleiner Bauernmarkt statt. Tipp: Am Ostende des Platzes gibt es bei Hagen guten Kaffee mit Außenplätzen bei schönem Wetter.

MEHR INFORMATIONEN

www.chelsea-pensioners.co.uk

← Grandioser Alterssitz für Veteranen: Blick auf den Ehrenhof des Royal Hospital Chelsea
↑ Auf dem Pimlico Farmers' Market am Orange Square gibt es Frisches und Saisonales.

20

MORAVIAN CLOSE

ALLEIN IN LONDON

Was hat das sächsische Herrnhut mit London zu tun? Die Antwort findet sich auf der King's Road in einem jahrhundertealten Privatgarten, der auf eine lange und bewegte Vergangenheit zurückblicken kann.

In jeder Ecke Londons steckt eine Geschichte. Am Ostende der King's Road, zu dem die meisten Shopper nicht mehr gelangen, finden neugierige Londonwanderer eine Story, die eine Brücke ins böhmische Mähren schlägt: An der Ecke zur Milman's Street führt ein Holztor, über dem »Moravian Close« steht, zur Herrnhuter Brüdergemeine in London. Der britische Ableger der Moravian Church, so der englische Name der Religionsgemeinschaft, wurde 1742 von Missionaren gegründet, die aus Mähren (Moravia) nach London gekommen waren. Ihr ursprünglicher Standort lag auf der anderen Seite der Stadt, in der in der City gelegenen Fetter Lane. Nachdem dieser im Zweiten Weltkrieg zerstört worden war, zog die Gemeinde in den 1960er-Jahren nach Chelsea.

Deutscher Graf kauft Londoner Land

Dort hatte ein gewisser Graf von Zinzendorf und Pottendorf, der die Herrnhuter Brüdergemeine 1722 im sächsischen Herrnhut gegründet hatte, bereits 1750 ein Gelände erworben. Dieses gehörte ursprünglich zum Beaufort House, dem Anwesen des Staatsmanns und Humanisten Thomas Morus (1478–1535). Dessen Loyalität zur katholischen Kirche wurde ihm als Lordkanzler unter Heinrich VIII. zum Verhängnis: Als der König die Trennung der Kirche Englands vom römischen Katholizismus durchsetzte und sich selbst zum Oberhaupt der Kirche erklärte, weigerte sich Morus, den darauf geforderten Eid zu schwören und wurde kurzerhand als Hochverräter hingerichtet.

Auf dem Gelände des alten Morus-Anwesens ließ der deutsche Graf von einem verwandten Architekten dann ein Pfarrhaus mit Kapelle bauen, das 1753 fertiggestellt wurde und noch heute von der Gemeinde genutzt wird. Davor erstreckt sich in Form einer Wiese das alte Grabfeld der Gemeinde bzw. der Gottesacker, wie Friedhöfe in der Herrnhuter Brüdergemeine heißen. Hier sind rund 400 Menschen begraben, kurioserweise auch ein Inuit-Junge, den die mährischen Missionare aus Kanada nach London gebracht hatten. Flache, in den Rasen eingelassene Gedenkplatten markieren die Ruhestätten. Links kann man noch das Tudor-Mauerwerk als letzte erhaltene Überreste von Morus' Anwesen sehen. Am Ende des Grabfelds, dessen Mitte eine Baumgruppe ziert, stellt eine Sammlung von restaurierten Schilden die Geschichte der Besitzer des Beaufort House im Lauf der Jahrhunderte dar. Dieser friedliche Ort hat immer noch den Charakter des Privatgartens, der er mal war. Noch besser: Hier ist man meist völlig allein, was in London etwas heißen will. Abgesehen von den Gemeindemitgliedern, die sich hier sonntags zum Gottesdienst treffen, weiß einfach kaum einer, dass es diesen Ort gibt. Sie sind nun eingeweiht, schauen Sie einfach mal vorbei.

INFO

MODE, KIRCHE ODER BEIDES?

Als in den 1970ern die Punk-Szene in Chelsea explodierte, eröffnete die Designerin Vivienne Westwood mit Malcolm McLaren, damals Manager der Sex Pistols, schräg gegenüber dem Moravian Close einen Shop für ihre Kreationen. Das Geschäft ist mit einer Riesenuhr an der Fassade, auf der die Zeiger rückwärts laufen, nicht zu verfehlen. Nur wenige Minuten in Richtung Süden liegt an der Themse eine Sehenswürdigkeit der ganz anderen Art: Die Chelsea Old Church aus dem 12. Jahrhundert, die nach ihrer fast kompletten Zerstörung im Zweiten Weltkrieg originalgetreu restauriert wurde, war Thomas Morus' Haus- und Hofkirche. Um sie herum gruppierte sich im 16. Jahrhundert das bis dato unbeachtete Fischerdorf Chelsea, das erst seinen Aufstieg nahm, nachdem der Staatsmann sich 1520 hier niedergelassen hatte. Tipp: Auf dem Cheyne Walk in Richtung Osten weiterspazieren: Hier stehen fantastische Häuser.

WEITERE INFORMATIONEN
WWW.MORAVIANCLOSECHELSEA.COM
www.chelseaoldchurch.org.uk

← Im Rücken das Pfarrhaus, rundum Grün: Dieser Stuhl wartet im Moravian Close auf Besucher.
→ Zu diesem kuriosen Lädchen pilgern Modefans: der kultige Worlds End Shop von Vivienne Westwood.

21

BROMPTON ORATORY

KIRCHE MIT KGB-VERGANGENHEIT

Italienischer Barockstil, Marmor, Statuen und flackernde Kerzen: Zwischen Victoria & Albert Museum und den Designerläden im teuren Knightsbridge thront eine imposante Kirche. Hinter ihrer mit Portland-Stein verkleideten Fassade und einem breiten Säulenportikus verbirgt sich eine sehr katholische Welt.

An einem nieseligen Londoner Herbstabend ist das Innere der Brompton Oratory nur spärlich beleuchtet. In Zeiten des Kalten Krieges hat der KGB den Eingangsbereich der Kirche als *dead letter box* genutzt, um Informationen für seine Agenten zu hinterlassen – und auch 70 Jahre später kann man sich hier mühelos in einen Spionagefilm denken. Das Brompton Oratory scheint aus der Zeit gefallen. Ein Ort, an dem man, nur wenige Minu-

ten vom Luxuskaufhaus Harrods entfernt, für einen Moment alles hinter sich lässt und in eine dämmrig-feierliche Welt tritt. Die neobarocke Basilika mit dem offiziellen Namen Church of the Immaculate Heart of Mary ist eine Anomalie in London, denn diese Art Kirche, wie man sie in Italien an jeder Ecke findet, ist in der britischen Hauptstadt eine Seltenheit. Das Brompton Oratory ist Londons zweitgrößte römisch-katholische Kirche. Die größte, Westminster Cathedral, liegt weiter östlich in unmittelbarer Nachbarschaft des Besucher-Highlights Westminster Abbey. Beide katholischen Kirchen koexistieren im Schatten von Londons weltberühmten anglikanischen Kathedralen, müssen sich aber nicht verstecken. Das Kirchenschiff des Brompton Oratory ist sogar breiter als das der St. Paul's Cathedral.

Römischer Barock an der Themse

Erbaut wurde sie zwischen 1880 und 1884 von der Londoner Oratorianergemeinschaft. Ihr Ursprung in dieser Kongregation, die im 16. Jahrhundert in Rom gegründet wurde, erklärt den Namen: »The Oratory« geht auf das englische Wort für den Orden, »Oratorians«, zurück, und Brompton, einst Dorf, jetzt feine Nachbarschaft, markiert den Standort. Für den Bau ließen sich die Londoner Oratorianer vom römischen Barock inspirieren. Das Innere ist entsprechend dekorativ – mit einer 61 Meter hohen Kuppel, üppigen Wand- und Säulenverzierungen, Altarbildern, Skulpturen, Kapellen in den Seitenschiffen, viel Marmor und imposanten Beichtstühlen. Um die römische Pracht nach London zu holen, wurde fleißig importiert. Zu den Schätzen italienischer Kirchen aus dem 17. Jahrhundert, die an die Themse gebracht wurden, gehören unter anderem riesige Marmorfiguren der Zwölf Apostel, die vom Dom von Siena erworben wurden.

Die lateinischen Messen, die täglich zelebriert werden, passen sehr gut in diese Umgebung. Die Kirche ist bekannt als Bewahrer der klassisch-katholischen liturgischen Traditionen. Interessanterweise scheint es im diversen London des 21. Jahrhunderts noch Bedarf für diesen »Old-school«-Katholizismus zu geben. Wer bei seiner Besichtigung zufälligerweise in einen Gottesdienst stolpert, sieht erstaunlich gut gefüllte Bänke mit Menschen aller Altersklassen und Herkunft. Aber ganz unabhängig von der eigenen Einstellung zu Religion: Wie alle Kirchen in London ist das Brompton Oratory ein Ort der Ruhe. Mit einem Schritt lässt man das Großstadtchaos hinter sich, und es wird still. Gläubig oder nicht, zünden Sie hier eine Kerze an. Schaden kann es nicht …

INFO

KUNSTSPAZIERGANG MIT PARKFLAIR

Nördlich des Brompton Oratory verbergen sich in Londons grüner Lunge Hyde Park mit den Serpentine Galleries zwei besondere Ausstellungsorte für zeitgenössische Kunst. Nach einem schönen Spaziergang durch Kensingtons Seitenstraßen erreicht man die Serpentine Gallery South in knapp 20 Minuten. In dem weißen Pavillon wird seit 1970 kostenlos wechselnde moderne Kunst gezeigt, und das kleine Museum genießt in der Kunstszene einen erstklassigen Ruf. Seit 2013 gibt es wenige Minuten weiter nördlich am anderen Ufer des Serpentine Lake (auf der Brücke einen Fotostopp machen!) mit der Serpentine North Gallery einen Ableger in einem alten Schießpulvermagazin, das mit einem auffälligen Zaha-Hadid-Design erweitert wurde. In dem dortigen Restaurant sitzt man schön im Freien, mit Parkatmosphäre und ohne Menschenmengen.

WEITERE INFORMATIONEN

www.bromptonoratory.co.uk
www.serpentinegalleries.org

← Das Brompton Oratory bringt römische Opulenz nach London.
↑ Jeden Sommer dürfen sich Architekten neben der Serpentine Gallery austoben.

22

LEIGHTON HOUSE

SO WOHNTEN VIKTORIANISCHE SUPERSTARS

Wir treten ein in das Haus von Frederic Leighton. Genauer: Baron Leighton. Denn der Maler und Bildhauer war im 19. Jahrhundert der erste Künstler, der in den Adelsstand erhoben wurde. Sein Anwesen nördlich der Kensington High Street ist eine opulente Schatzkiste, in der Londons High Society ein- und ausging.

Um den Holland Park entstand im feinen Stadtteil Kensington im 19. Jahrhundert eine Künstlerkolonie, in deren Mittelpunkt der Maler und spätere Präsident der Royal Academy Frederic Leighton (1830–1896) stand. Der Sohn einer reichen Familie aus Yorkshire war 1860 nach London gekommen, nachdem Königin Victoria einige Jahre zuvor auf einer Ausstellung der Royal Academy ein Bild des 24-jährigen Malers gekauft hatte und Leighton zu einem Superstar seiner Zeit wurde. Seine Gemälde mit historischen und biblischen Themen waren zu seinen Lebzeiten enorm populär und teuer.

Kosmopolitischer Künstlerfürst

Sein Künstlerpalast, den er zwischen 1864 und 1866 bauen ließ, war Atelier, Wohnhaus und Schaufenster für Kunst in einem. Im ersten Stockwerk sind in seinem Studio mit Riesenfenstern eigene Gemälde zu sehen, im Silk Room schmücken die Werke seiner präraffaelitischen Freunde mit hellgrüner Seide bespannte Wände. Was den Besucher aber wirklich erschlägt, ist die Arabische Halle im Erdgeschoss, die nach dem Vorbild eines maurischen Palastes auf Sizilien gestaltet wurde – mit Fliesen, Mosaiken, einer goldenen Kuppel und einem Marmorbrunnen.

Leighton war schon als Kind mit seiner Familie in ganz Europa unterwegs und studierte als junger Mann in Frankfurt an der Kunstschule des Städelschen Kunstinstituts. Über dem Eingang zum Dining Room erinnert ein Prosit-Schild an seine deutsche Zeit. Der Maler setzte seine Erkundung der Welt fort, und eine Reise nach Damaskus legte 1873 den Grundstein für eine Fliesensammlung, die er vier Jahre später für sein Projekt »Arab Hall« nutzte. Textilien, Töpferwaren und andere Gegenstände aus Syrien, der Türkei und Ägypten wurden im Haus ausgestellt. Die Londoner Gesellschaft war von dem dekorativen Reichtum begeistert. Leighton lud zu sonntäglichen Empfängen und musikalischen Soireen, das Haus und seine Einrichtung wurden zum Stadtgespräch. Wer angesichts des opulenten Interieurs übrigens auf einen exzessiven Charakter Leightons schließt, wird dies beim Anblick seines kargen, im Vergleich zum Rest des Hauses geradezu mönchsähnlichen Schlafzimmers überdenken. Ein Gästezimmer gab es übrigens nicht, da keiner der vielen Gäste jemals zur Übernachtung eingeladen wurde. Der ansonsten als charmant und großzügig beschriebene Maler schloss nach den Partys gerne die Türen hinter sich und lebte sein Leben lang allein.

Nicht unerwähnt bleiben soll der wunderbare Garten hinter dem Haus. Nach einem Renovierungsprojekt, das 2023 abgeschlossen wurde, gibt es hier nun ein schönes Café mit Blick ins Grüne. Direkt daneben bietet eine neue Wendeltreppe in einer Backsteinrotunde Raum für ein elf Meter hohes Wandgemälde der iranischen Künstlerin Shahrzad Ghaffari – als erstes zeitgenössisches Kunstwerk, das im Haus des viktorianischen Kunststars einen Platz gefunden hat.

← Die Kacheln für die Arabische Halle kaufte Leighton in Syrien, Ägypten und der Türkei.
↓ Symbol britisch-japanischer Freundschaft: Wasserfälle und japanische Ahornbäume im Kyoto Garden

INFO

BEST OF KENSINGTON: PARK UND KULTUR
Nur wenige Minuten vom Leighton House entfernt liegt ein kleiner Londoner Lieblingspark: Der Holland Park gehört mit den Resten des Holland House aus dem 17. Jahrhundert und seinen Gärten, wie dem exquisiten Kyoto Garden, zu den hübschesten Grünanlagen der Stadt. Direkt daneben: das hervorragende Design Museum mit einer kostenlosen Dauerausstellung zur Bandbreite des Designs, einschließlich Innenarchitektur, Architektur, Grafik, Mode und Industriedesign. Das Museum wurde 1989 ursprünglich in einem ehemaligen Lagerhaus an der Themse unweit der Tower Bridge eröffnet und zog aus Platzgründen quer durch die Stadt in den Westen, wo es seit 2016 im ehemaligen Sitz des Commonwealth Instituts zu Hause ist. Sehr empfehlenswert!

MEHR INFORMATIONEN
www.rbkc.gov.uk/museums/leighton-house
www.designmuseum.org

23

COSMIC HOUSE

ZWISCHEN KUNST UND KITSCH

Kensington ist gut für Häuser mit Wow-Faktor. Nur 20 Minuten von der Residenz des viktorianischen Künstlers Frederic Leighton richtete sich mehr als 100 Jahre später der Architekturtheoretiker Charles Jencks ein Wohnhaus ein, das heute als Meilenstein in der Entwicklung der postmodernen Architektur gilt.

Jencks (1939–2019), der in Harvard erst Literatur und dann Gartenbau studierte, wurde mit seinen Büchern zur postmodernen Architektur weltbekannt. 1978 erwarb er gemeinsam mit seiner Frau, eine Gartenarchitektin, nahe des Holland Park eine der vornehmen weißen Stuckvillen aus dem 19. Jahrhundert, die typisch für diese Ecke Londons sind, und verwandelte sie in ein Manifest seiner Ideen. Was von außen so aussieht wie die Nachbarhäuser,

ist innen eine Designexplosion, von der sich Besucher seit der Öffnung für Besichtigungen im Jahr 2021 überwältigen lassen können. Ob das nun originell oder kitschig ist, liegt im Auge des Betrachters. Als postmodernes Meisterwerk, in dem sich Jencks Künstler- und Designerfreunde austoben konnten, ist es auf jeden Fall einmalig. Das Cosmic House ist auch eine der wenigen Londoner Sehenswürdigkeiten, wo man Einheimische trifft, denn die Tickets für die limitierten Öffnungszeiten im Frühjahr und Herbst sind bei Architektur- und Designfans begehrt.

Symbolträchtiges Wohnhaus

Die Räumlichkeiten, die vom Hausherrn gemeinsam mit dem Architekten Terry Farrell entworfen wurden, sind charakteristisch für die Postmoderne – mit wechselnden Ebenen, verschobenen Achsen und fragmentierten Formen. Blicke reichen durch die Zimmer in die Nachbarräume, und oft weiß man nicht, wo man zuerst hinschauen soll, angesichts der vielen Details und Symbole sowie der ungewöhnlichen Einrichtung. Ein Whirlpool, der wie die umgekehrte Kuppel einer römischen Barockkirche aussieht? Auch das gibt es im Cosmic House.

Genauso wie vier große Räume im Hauptgeschoss, die den Jahreszeiten gewidmet sind und sich um einen zentralen Zylinder mit Wendeltreppe gruppieren. Im Winter- und Frühlingszimmer stechen imposante Kamine des amerikanischen Postmodernisten Michael Graves ins Auge. Im hellen Sommerraum, dem Esszimmer, finden sich Stühle, die wie ägyptische Sonnenstrahlen aussehen, während der Herbst, die Küche, mit Motiven aus Hindutempeln und Holzlöffeln bizarr dekoriert ist.

Auch die zentrale Wendeltreppe ist mehr als nur ein Aufgang: Als abstrakte Verwirklichung des Sonnenjahres steht die Anzahl ihrer Stufen für die Wochen des Jahres. Auf der Vorderseite jeder Stufe sind sieben Linien für die Wochentage eingeritzt. Oben angelangt, kommt man in eine »Bibliotheksstadt«, in der Bücher in gebäudeähnlichen Regalen thematisch geordnet sind. In den oberen Stockwerken gibt es dann noch das Hauptschlafzimmer, ein Ankleidezimmer und ein Kinderzimmer zu sehen. Als postmodernes Gesamtkunstwerk wird das Haus des Amerikaners Jencks übrigens als zeitgenössische Parallele zu dem anderthalb Jahrhunderte zuvor fertig gestellten Haus des britischen Exzentrikers Sir John Soane gesehen (s. Kap. 1). Entscheiden Sie selbst, was Ihnen mehr zusagt.

INFO

AUF KOSMISCHES HAUS FOLGT URIGES PUB

Was macht man in London, nachdem man an einem Ort war, der wie nicht von dieser Welt scheint? Genau, man geht in ein uriges, bodenständiges Pub. Das Kontrastprogramm zum Cosmic House liegt 15 Minuten weiter auf der Campden Hill Road. Hier versteckt sich mit The Windsor Castle ein echtes Londoner *neighbourhood pub*. Der Name erinnert an die Zeit, als man von den Fenstern im oberen Stockwerk des 1835 eröffneten Pubs das westlich der Stadt gelegene Windsor Castle sehen konnte. Diese Aussicht ist jetzt zugebaut, dafür ist der *boozer*, wie Pubs im Englischen heißen, schön gemütlich, mit holzvertäfelten Wänden, Tischecken und Bänken. Essen kann man hier auch, dazu gibt's einen kleinen Biergarten für den Sommer – perfekt.

WEITERE INFORMATIONEN

www.jencksfoundation.org/cosmic-house
www.thewindsorcastlekensington.co.uk

← Das Cosmic House von Charles Jencks ist voller eigenwilliger An-, Ein- und Ausblicke.
↑ Entdecken Sie nach dem Pint auf Hillgate Place eine hübsche Ecke mit farbenfrohen Häusern.

24

NOTTING HILL

LONDONS CHARMEUR

1999 machte der Film »Notting Hill« mit Hugh Grant und Julia Roberts den gleichnamigen Londoner Stadtteil weltbekannt. Schon zuvor gehörte der Portobello Road Markt zum Standard-Wochenendprogramm für Londonbesucher. Wer den Touristenrummel umläuft, findet nördlich des Holland Park einige der charmantesten Straßenzüge der Stadt.

Notting Hill, das im Süden von Notting Hill Gate und im Norden von der Harrow Road begrenzt wird, ist eine beliebte und wohlhabende Wohngegend. Zweistellige Millionenpreise für die viktorianischen Stadtvillen sind hier keine Seltenheit, und die Liste der Prominenten aus Kultur, Kunst und Politik, die sich in dieser Ecke der Stadt niedergelassen haben, ist lang. In den 1950er-Jahren sah das noch ganz anders aus, der Aufstieg von Notting Hill zum modernen Szeneviertel startete erst Ende der 1980er-Jahre.

Ein Quartier mit vielen Gesichtern

Davor hatte der wohlhabende Grundbesitzer James Weller Ladbroke bereits Mitte des 19. Jahrhunderts den ersten Startschuss für Notting Hill als gehobene Wohngegend gesetzt, als er ein großes Grundstück entwickelte, um es in einen luxuriösen Vorort für die obere Mittelschicht zu verwandeln. Ladbroke ist im Viertel auch heute noch sehr präsent, denn diverse Straßen und Plätze wurden nach ihm benannt, so etwa die große Nord-Süd-Achse Ladbroke Grove, die westlich der Portobello Road verläuft, und der Ladbroke Square Garden, Londons größter privater *garden square*. Diese für London typischen Grünflächen sind Gemeinschaftsgärten, zu denen nur die Bewohner der sie umringenden Häuser Zutritt haben. Stadtspaziergänger können zumindest durch die Gitterstäbe der Tore einen Blick ins idyllische Stadtgrün erhaschen.

Nach dem Zweiten Weltkrieg wandelte sich Notting Hill, als viele der herrschaftlichen Villen aufgegeben und in Mehrparteienhäuser umfunktioniert wurden. In dieser Zeit wurde der »Miethai« Peter Rachman berühmt-berüchtigt. Er hatte sich in Notting Hill zahlreiche Immobilien zusammengekauft und seine Wohnungen an die Londoner Arbeiterklasse vermietet, die gesetzlich vor Mieterhöhungen geschützt waren. Als Ende der 1940er- und Anfang der 1950er-Jahre viele Arbeitsimmigranten aus den ehemaligen britischen Kolonien in der Karibik nach London kamen, sah Rachman eine Chance, die Mietpreisbindung zu umgehen. Er verdrängte die bestehenden Mieter mit kriminellen Methoden, und die afrokaribischen Einwanderer, die Diskriminierungen ausgesetzt waren und große Schwierigkeiten hatten, in London Wohnungen zu finden, zogen zu überhöhten Mieten in Rachmans Häuser ein.

In den Folgejahren wurden die Wohnverhältnisse in Notting Hill immer schlimmer. Hausbesitzer à la Rachman kümmerten sich nicht um den Erhalt der Häuser, und der jetzt für seine hübschen pastellfarbenen Häuser bekannte Stadtteil wurde zu einem Ort »voller Mehrparteienhäuser, in denen es vor Ratten und Abfall wimmelt«. Nach umfangreichen Sanierungen in den 1960er- und 1970er-Jahren

→ Bäume finden immer einen Platz: Blick auf Notting Hill mit den typischen Londoner *garden squares*.

DENBIGH CLOSE. W.11.
PREVIOUSLY DENBIGH MEWS
ESTD 1887
ALICE'S
ALICE'S
ALICE'S
ALICE'
MICHELIN
PORSCHE
THE BEST VALUE IN THE BRITISH ISL
OPTICIANS
Always LATE!
PALM HOUSE
KEW GARDENS
Aitken Melrose & Co. Ltd
Wholesale Wine Merchants

setzte ein Gentrifizierungsprozess ein, der große Teile von Notting Hill bis heute wieder zu dem gemacht hat, was das Quartier im 19. Jahrhundert bereits einmal war.

Bunt, pastellig, charmant

Aus dieser Zeit stammt auch der Portobello Market, der als Hauptattraktion des Viertels jedes Wochenende Menschenmassen anzieht, die sich an rund 1500 Ständen für Antiquitäten, Vintage-Kleidung, Schmuck und Streetfood vorbeiwälzen. Wir tun jetzt allerdings das Unerhörte und lassen die Portobello Road erst mal links liegen. Dafür starten wir unsere Tour westlich der Notting Hill Gate Tube Station auf der Holland Park Road. Hier führt die Portland Road an schönen Stadthäusern vorbei direkt zu einem idyllischen Miniplatz, der so gar nichts mit dem Markttrubel wenige Minuten weiter östlich gemeinsam hat. Links liegt Julie's, ein Westlondoner Kultlokal, das 1969 eröffnet wurde und in den Folgejahrzehnten zum Promi-Liebling mit Gästen wie Mick Jagger, Princess Margaret, Naomi Campbell, Kate Moss, Tina Turner und Princess Diana wurde. Gegenüber dreht sich in dem bildhübschen Summerill & Bishop Shop alles um den schön gedeckten Tisch: Zwei Freundinnen haben hier 1994 ein kleines Geschäft für Tischdecken, Servietten, Geschirr, Vasen und Accessoires gegründet. Die in Notting Hill designten exquisiten Produkte sind das Gegenteil von Massenware und schön britisch-originell.

Rundum stehen wunderbare Häuschen. Schauen Sie sich in der Ecke einfach etwas um. Rechts fällt auf Clarendon Cross ein großes Backsteingebäude ins Auge, das so gar nicht in den sonstigen Notting-Hill-Look passt. Der Schriftzug *Clarendon Works* an der Fassade verrät, dass es sich hier um ein in dieser Wohngegend seltenes Industrie-Überbleibsel, genauer eine viktorianische Ziegelsteinfabrik handelt. Vor einigen Jahren wurde sie im Innern in ein modernes Familienhaus verwandelt und – Sie ahnen es – ist Millionen wert. Wir arbeiten uns weiter in Richtung Norden ein paar Schritte über die Clarendon Road und dann rechts in den Elgin Crescent, der sich in Halbmondform bis zu Ladbroke Grove schwingt. Hier reihen sich die für Notting Hill so typischen bunt gestrichenen Häuser – mit dem

← Krimskrams auf der Portobello Road: Wer Probleme mit Menschenmengen hat, sollte nicht am Samstag kommen.
↗ Londons Liebe für bunte Häuser entfaltet sich in Notting Hill in ihrer ganzen Pracht.

Unterschied, dass anders als auf und direkt um die Portobello Road hier seltener Selfie-Fanatiker vor den Fassaden stehen. Ob strahlend blau mit orangefarbener Tür oder doch eher knallgelb – suchen Sie sich ihren Favoriten aus.

Von hier geht es nach links erst über den Ladbroke Grove und dann rechts über die Lancaster Road (wo sich noch mehr bunte Häuser finden), die auf das Nordende der Portobello Road stößt. Ein paar Schritte nach links, und man kommt zur Straßenunterführung an der Hochstraße Westway, wo sich der Portobello Green Market freitags, samstags und sonntags auf Vintage-Mode, Trödel und Musik konzentriert. Wer gerne in alten Plattensammlungen wühlt, ist hier richtig. Die meisten Portobello-Road-Spaziergänger, die von Notting Hill Gate aus gestartet sind, stoppen spätestens hier, auch weil die Umgebung dann nicht mehr so pastellig und charmant wie im südlichen Teil ist.

Wir gehen aber weiter bis zur Golborne Road, die nördlich des Westway von der Portobello Road abgeht, um eine andere Seite von Notting Hill kennenzulernen. Die Straße ist das Herzstück der größten marokkanischen und portugiesischen Gemeinden der Stadt. Londons Portugiesen erwerben hier am Wochenende ihren Fisch, am Ostende der kleinen Straße verkaufen zwei fabelhafte portugiesische Cafés leckere *Pasteis de Nata*. An traditionellen marokkanischen Fischgrills kann man günstig essen. Dazwischen kleine Geschäftchen und freitags und samstags ein kunterbunter Markt für Lebensmittel, Antiquitäten, Trödel, Möbel und Pflanzen.

Cooler Betonklotz des Brutalismus

Über all dem erhebt sich am Ostende der Straße eines der kultigsten Gebäude Londons: Das Betonhochhaus Trellick Tower wurde nach Plänen des Architekten Ernö Goldfinger im Stil des Brutalismus Anfang der 1970er-Jahre errichtet und gilt als bedeutendstes Bauwerk dieses Baustils der

← Kultbär als Wächter an der Portobello Road
↙ Bunt bemalt, gestreift oder betellert: Die Fassade des Summerill & Bishop Shop hat viele Gesichter.
↘ Eine 1887 gebaute Kirche dient heute als Notting Hill Kultur- und Gemeindezentrum. Besucher sind jederzeit willkommen!

Moderne, an dem sich die Geister scheiden. Manche finden es einfach nur hässlich, andere sind begeistert. Der Trellick Tower, der im Rahmen von sozialen Wohnungsbaumaßnahmen errichtet wurde, steht inzwischen unter Denkmalschutz, und seine unverkennbare Silhouette mit einem separaten Serviceturm, der über Übergänge mit dem Haus verbunden ist, gehört zu London genau wie die Houses of Parliament oder Big Ben – ob es einem gefällt oder nicht.

Auf dem Weg zurück in Richtung Süden empfiehlt es sich, die Quer- und Parallelstraßen rechts und links der Portobello Road zu erkunden. Im nördlichen Teil der Kensington Park Road gibt es eine gute Auswahl an Restaurants und im südlichen Teil schöne viktorianische Häuser mit hohen Fenstern und weißen Fassaden. Weiter südlich auf der anderen Seite der Portobello Road lohnt sich ein Stopp beim Tabernacle am Powis Square für Einblicke in die Geschichte von Notting Hill. Im Eingangsbereich dieses Musik-, Kultur- und Nachbarschaftszentrums mit Café/Bar in einer alten Backsteinkirche wird mit einer Plakette der Journalistin und politischen Aktivistin Claudia Jones gedacht, die als »Mutter des Notting Hill Carnival« gilt. Nachdem es 1958 in Notting Hill zu gewaltsamen Auseinandersetzungen zwischen der weißen Bevölkerung und den Einwanderern aus der Karibik gekommen war, organisierte sie 1959 die erste Caribbean-Carnival-Veranstaltung in Großbritannien als friedliche Antwort auf die Spannungen, aus der sieben Jahre später der erste Notting Hill Carnival erwuchs. Heute zieht Europas größte Straßenparty jedes Jahr an zwei Tagen Ende August rund eine Million Besucher an.

Ein paar Straßenzüge weiter südlich empfiehlt sich dann noch ein Schlenker auf den Westbourne Grove, bevor man im Süden wieder am Notting Hill Gate landet. Die charmante Straße ist eine der besten Adressen in Notting Hill für Einkaufen mit Stil. Die Boutiquen sind *upmarket*, mit einer Mischung aus gehobenen Modeketten und individuellen Designern, dazwischen finden sich Shops für schöne Dinge von Parfüm bis Schmuck. Restaurants und Pubs gibt es auch. Der Tisch ist gedeckt für einkaufen, essen und trinken in der Atmosphäre eines exklusiven Dorfes.

INFO

LONDONS SCHÖNSTE PUB-FASSADE

Südlich von Notting Hill Gate liegt auf der Kensington Church Road ein Pub, bei dem sich alle die Augen reiben. Die Fassade des Churchill Arms ist von oben bis unten in ein Blumenmeer gehüllt. Die Blütendeko variiert nach Jahreszeit. Während der Chelsea Flower Show und an Weihnachten, wenn die Blumen für Massen an Weihnachtsbäumen ausgetauscht werden, ist es besonders schön. Neben Bier bekommt man in dem Pub aus dem 18. Jahrhundert in einem im hinteren Bereich integrierten und sehr beliebten Restaurant thailändisches Essen.

MALERISCHE MILLIARDÄRSMEILE

Unmittelbar westlich von Kensington Gardens und dem Kensington Palace verbindet eine der teuersten Wohnstraßen der Welt Notting Hill Gate im Norden mit der Kensington High Street im Süden. Der Durchschnittspreis für ein Haus auf Kensington Palace Gardens liegt angeblich bei 35 Millionen £. Das soll uns aber nicht stören. Die »Billionaires Row« ist eine sehr schöne, von Bäumen gesäumte Allee, auf der es sich entspannt und – eine Seltenheit in London – ohne Straßenverkehr schlendern lässt. Die Straße ist auch eine beliebte Adresse für Botschaften sowie Botschaftsresidenzen und für den Durchgangsverkehr gesperrt. Lassen Sie sich von den Sicherheitsschleusen an beiden Enden nicht abschrecken. Gehen Sie einfach weiter – Fuß- und Fahrradverkehr sind erlaubt –, und genießen Sie einen malerischen Bummel mit neugierigen Seitenblicken.

MEHR INFORMATIONEN

www.visitportobello.com
www.thetabernaclew11.com
www.churchillarmskensington.co.uk

Ein Konzept, das Nachahmer finden sollte: Diese Fassade hebt auch an trüben Tagen die Laune.

25

MAIDA VALE & LITTLE VENICE

ÜBERBLEIBSEL DER TRANSPORTINDUSTRIE

Baumgesäumte Straßen, cremefarbene Villen und rote Backsteinmietshäuser aus viktorianischen Zeiten. Maida Vale nördlich des Hyde Park und unweit vom Bahnhof Paddington ist ein beliebtes Wohnviertel – und Heimat einer kleinen Hausboot-Enklave auf dem Kanalsystem von Little Venice.

Der junge Mann sitzt auf dem Vorderdeck seines Hausboots, vor ihm auf dem Tisch steht der Laptop. Croissant, Kaffee, ein Glas Orangensaft in Reichweite. So lässt es sich leben, in Little Venice. Der Name mag ein wenig übertrieben sein für das kleine Kanalsystem im Stadtteil Maida Vale, wo der Grand Union Canal auf den Regent's Canal trifft. Aber die Ecke hat schon ein besonderes Flair, mit den bunt bemalten Booten, üppigen

Blumendekorationen und der kleinen, mit Trauerweiden bestandenen Browning-Insel, die nach dem Dichter Robert Browning, der in der Nähe gelebt hat, benannt ist.

Italienisches in London

Im 17. Jahrhundert war Maida Vale ein Dorf, und das Gebiet gehörte dem Bischof von London. Größere Häuser wurden erst ab dem frühen 19. Jahrhundert gebaut, entlang der Edgware Road, die sich vom Nordende des Hyde Park hoch nach Maida Vale zieht, und der Maida Avenue. Mit dem so gar nicht englisch klingenden Namen Maida hat es folgende Bewandtnis: In den Napoleonischen Kriegen besiegte ein englischer General die Franzosen am kalabrischen Ort Maida. Der General wurde daraufhin zum Count of Maida ernannt. 1809 wurde das Gasthaus Hero of Maida auf der Edgware Road eröffnet. Und voilà, 70 Jahre später war die Gegend im Volksmund als Maida Vale bekannt.

Bester Startpunkt für einen kleinen Rundgang ist die Tube-Station Warwick Avenue. Beim Auftauchen aus dem Untergrund merkt man sofort, dass man in einer ruhigeren Ecke Londons gelandet ist. Dann einfach in Richtung Süden ein paar Schritte der Beschilderung bis Little Venice folgen. Entlang Blomfield Road und Maida Avenue liegen die hübschesten Boote. Eines davon, die »Puppet Theatre Barge«, beheimatet Großbritanniens einziges schwimmendes Puppentheater. Gegenüber lädt ein zu einem Café umfunktioniertes Boot zu einer malerischen Kaffeepause ein.

Die heutige Idylle verdankt London den industriellen Anforderungen des 19. Jahrhunderts. 1820 wurde der knapp 14 Kilometer lange Regent's Canal als Teil einer direkten Verbindung von Birmingham zu den Hafenanlagen an der Themse gebaut. Als der Schienentransport schnell die Aufgaben des Schiffstransports übernahm, verlor der Kanal an Bedeutung, hat aber mit seinen 42 Brücken, zwölf Schleusen und zwei Tunneln überlebt. Von seinem westlichen Ausgangspunkt in Little Venice führt er in Richtung Osten bis nach Camden, entlang am Regent's Park und dem Londoner Zoo und bietet besondere Ansichten auf die Stadt. Bootsunternehmen organisieren Fahrten auf dem Kanal. Wer gerne selbst Kapitän ist: Im südlich von Little Venice liegenden Paddington Basin werden elektrische Boote vermietet, mit denen man ohne Bootsführerschein den Regent's Canal erkunden kann. Und für den besten Blick auf die Little-Venice-Szenerie besucht man das Café Laville, das an der Ecke Blomfield Road/Edgware Road direkt über dem Kanal positioniert ist.

← Kanalboote der englischen Art: Die sogenannten *narrowboats* sind maximal 2,13 Meter breit.
↓ Brücke, Trauerweiden, Wasser: Die Little-Venice-Idylle bietet bestes Spaziergangspotenzial.

INFO

VON LITTLE VENICE BIS CAMDEN LOCK
Von Little Venice führt ein drei Kilometer langer Abschnitt des Jubilee Greenway Walk in Richtung Nordosten zur Camden Lock. Der 60 Kilometer lange Rundweg durch die Stadt wurde zu Ehren des Diamanten-Thronjubiläums der Queen und anlässlich der Olympischen Spiele 2012 eröffnet und verbindet alle wichtigen Spielstätten. Von der Beschaulichkeit in Little Venice geht's auf dem Treidelpfad des Regent's Canal direkt zum Trubel der Straßenmärkte in Camden. Der Weg ist von Little Venice aus gut beschildert, Einstieg ist am Ende des Aberdeen Place. Dann geht es vorbei an Hausbooten inklusive kompletter Uferbegrünung mit Gemüsegarten und Grillstation und nördlich des Regent's Park mit seinen Mega-Villen, bis man bei Camden Lock direkt an einem Streetfood-Markt landet. Praktisch!

MEHR INFORMATIONEN
www.puppetbarge.com
www.cafelaville.co.uk
www.tfl.gov.uk/modes/walking/jubilee-greenway

Blick von Greenwich auf das gegenüberliegende Geschäfts- und Finanzviertel Canary Wharf

SÜDEN

Industriekathedrale, Lavendelgarten, historisches Pflaster und Streetfood

26

BATTERSEA POWER STATION

DAS SCHÖNSTE KRAFTWERK DER WELT

London baut sich ein neues Stadtviertel. In seinem Mittelpunkt: ein ehemaliges Kohlekraftwerk, das einst ein Fünftel des Londoner Stroms produzierte und in einigen der bekanntesten Wahrzeichen der Stadt wie den Houses of Parliament oder dem Buckingham Palace dafür sorgte, dass das Licht anblieb.

Hurra, Battersea hat eine eigene Tube-Station! Diese spezielle Londoner Freude über eine U-Bahn-Station versteht man nur, wenn man weiß, dass die Stadtgebiete südlich der Themse traditionell schlechter öffentlich angebunden sind als der Norden – und nichts wertet eine Wohngegend mehr auf als eine eigene Station. Der Stadtteil Battersea am südlichen Themseufer war lange so ein weißer Fleck im Streckennetz. Seit September 2021 ist das anders, und den Grund dafür verrät der Name der neuen Haltestelle: Battersea Power Station.

Eine Londoner Ikone wird aufgemöbelt

Das ehemalige Kraftwerk Battersea Power Station ist Kult in London. Die weißen Schornsteine eines der größten Backsteingebäude der Welt sind am Themseufer unübersehbar. Seit 2013 wurde nicht nur das alte Kraftwerk von einer Industrieruine in seinen Ursprungszustand eines Industrietempels im Art-déco-Stil zurückverwandelt, sondern rundherum ein neues Viertel in Battersea entwickelt. Bis dahin war es ein langer Weg. Der Bau der Battersea Power Station, die von dem Erfinder der roten Telefonzellen, Giles Gilbert Scott, entworfen wurde, begann im Jahr 1929. 1933 wurde der erste Strom erzeugt, 1955 der vierte und letzte Schornstein fertiggestellt. 1983 stellte die gigantische Anlage, in deren Kesselhaus die St. Paul's Cathedral Platz finden würde, ihren Betrieb ein. Und dann stand sie da und verfiel allmählich.

Diverse Pläne für ihre Nutzung versandeten alle im nichts. Interessante Details dazu findet man in einer kleinen Ausstellung im Eingangsbereich des Gebäudes. Im Jahr 2012 wollte der russische Milliardär Roman Abramovich und damalige Besitzer des FC Chelsea das Kraftwerk in ein Stadion für seinen Fußballklub verwandeln. Den Zuschlag erhielt allerdings ein Konsortium von Immobilienentwicklern aus Malaysia. Ihre Pläne für ein neues Stadtviertel auf knapp 17 Hektar mit Wohnungen, Büros, Geschäften und Restaurants wurden umgesetzt. Sowohl Frank Gehry als auch Norman Foster konzipierten Luxuswohnungen. Im Herbst 2022 wurde das Kraftwerk als schickes Einkaufszentrum wieder geöffnet.

Über die Nutzung als Konsumtempel lässt sich streiten. Unbestreitbar ist allerdings, dass das denkmalgeschützte Gebäude, das mit einem Kontrollzentrum im Art-déco-Stil und geschmiedeten Eisentreppen sicherlich eines der schicksten Kraftwerke seine Zeit war, so detailgetreu und unter Erhalt industrieller Strukturen renoviert wurde, dass sich ein Besuch lohnt. Fast noch besser ist die Außenanlage mit einer großen Wiese, auf der in den Sommermonaten Liegestühle zur Rast einladen und im Winter eine Eisbahn ihren Platz findet. Vom alten Kohlenpier kann man den Blick auf das gegenüberliegende Ufer genießen, nah am Wasser reihen sich Restaurants und findet am Wochenende ein Food Market statt. In alten Bahnbögen kann man essen, trinken und ins Kino gehen. Bei der Power Station ist immer was los – und London hat eine neue Destination, die jetzt auch ganz einfach mut der U-Bahn zu erreichen ist.

INFO

UFERPROMENADE FÜR LONDONER

Direkt neben dem alten Kraftwerk ist ein von Königin Victoria 1858 eröffneter Park heute der größte Liebling der Battersea-Anwohner und ein gut gehütetes Londoner Geheimnis: Der Battersea Park ist der einzige Park der Stadt in direkter Themselage. Von seiner breiten Uferpromenade hat man einen wunderbaren Blick auf das gegenüberliegende Chelsea-Ufer und die Albert Bridge, eine Zuckerbäckerbrücke in Pastellfarben, die nicht nur abends in angestrahltem Zustand ihren Titel als hübscheste Brücke der Stadt verdient. Der Park ist abwechslungsreich auf rund 80 Hektar angelegt, mit Brunnen, Gärten (halten Sie nach dem versteckten Old English Garden Ausschau), einem See mit Tretbootverleih, einem bei Kindern sehr belieben Klettergarten und der weithin sichtbaren Peace Pagoda mit ihren vergoldeten Buddhas.

MEHR INFORMATIONEN

www.batterseapowerstation.co.uk
www.batterseapark.org

← Von Industrieruine zu lebhaftem Treffpunkt für Londoner: die Battersea Power Station
↑ Die Peace Pagoda wurde 1985 als Geschenk des japanischen Ordens Nipponzan-Myohoji errichtet.

27

VAUXHALL PARK

WO DER LAVENDEL BLÜHT

Geben Sie's zu: Sie wollten sich schon immer mal in London in ein Lavendelfeld legen, tief einatmen und genießen. Vorhang auf für den ganz und gar untouristischen Stadtteil Vauxhall, bei dem es sich lohnt, über Hochhausburgen hinwegzusehen, um einmalige urbane Schätze zu entdecken.

Unweit der Tate Britain fällt vom nördlichen Themseufer der Blick auf ein auffälliges Gebäude am anderen Ufer in Vauxhall, das Menschen weltweit kennen, auch wenn sie noch nie in London waren: Am Südende der Vauxhall Bridge residiert der britische Auslandsgeheimdienst M16 in einem postmodernen Bau mit dem Spitznamen »Legoland«, der schon in diversen James-Bond-Filmen eine Rolle gespielt hat. Abgesehen davon wird der Stadtteil

Vauxhall vor allem mit der gleichnamigen Automarke assoziiert. Das Tochterunternehmen von Opel wurde ursprünglich als Hersteller von Pumpen- und Schiffsmotoren im 19. Jahrhundert in Vauxhall gegründet und verleiht heute den britischen Opel-Modellen weiterhin ihren eigenen englischen Markennamen. In Vauxhall versteckt sich aber auch ein Lavendelfeld und, wie meist in London, gibt es dazu eine passende Geschichte.

Frauenpower setzt Park für alle um

1890 wurde in Vauxhall auf knapp 35 Hektar ein öffentlicher Park eröffnet, für den sich vor allem zwei Frauen in die Bresche geworfen hatten: Millie Fawcett setzte dabei den Wunsch ihres Mannes Henry, eines Parlamentsabgeordneten, um, dessen Haus sich auf dem jetzigen Parkgelände befand. Als das Gebiet nach seinem Tod bebaut werden sollte, sorgte seine Frau gemeinsam mit der Sozialreformerin Octavia Hill dafür, dass stattdessen der von ihrem Mann gewünschte Park für die die Vauxhaller Bevölkerung Wirklichkeit wurde. Angelegt wurde er von Fanny Wilkinson, der ersten professionellen Landschaftsgärtnerin des Landes.

Heute ist der elegante viktorianische Park mit Gärten und schön platzierten Sträuchern und Bäumen eine Überraschung in Vauxhall. Der einst von Industrie und jetzt von Wohn- und Büroimmobilien dominierte Stadtteil gewinnt keinen Schönheitspreis. Bei seinem Park rund fünf Minuten südwestlich vom Brückenende, um den sich ein lokaler Förderverein mit viel Einsatz kümmert, sieht das anders aus. Mit Spielplatz, Tennis- und Basketballplätzen sowie einem Café ist er eine wichtige Anlaufstelle für die Bevölkerung, und wie so viele kleine Londoner Nachbarschaftsparks dieser Art, vor allem Ersatz für den nicht vorhanden eigenen Garten.

Aber jetzt zum Lavendelfeld und damit auch zum Autohersteller Vauxhall: 2003 wurde anlässlich des hundertjährigen Bestehens der Vauxhall Motor Company im westlichen Teil des Parks in der Nähe eines Miniaturmodelldorfs von 1949 – eine weitere Kuriosität der Anlage – ein kleiner Lavendelgarten angelegt. Davon finden sich außerhalb Londons einige, dieses urbane Lavendelfeld ist allerdings einmalig. In der Blütezeit zwischen Juni und August versetzt einen der Duft und die Farbpracht der lila Knospen direkt vom städtischen Südlondon in die Provence. Im September erntet die Nachbarschaft gemeinschaftlich, das destillierte Lavendelöl wird lokal verkauft und der Erlös fließt in die Instandhaltung des Parks zurück. Schöne Sache, oder?

← Schade, dass Bilder nicht riechen können: Tauchen Sie in Londoner Lavendel ein.
↓ Zeit für originelle Stöbereien: willkommen bei Lassco im Brunswick House

INFO

HISTORISCHE ELEGANZ ZWISCHEN GLAS, STAHL UND BETON

Knapp zehn Minuten vom Park in Richtung Themse behauptet sich an einem von Hochhausmonstern umrandeten Kreisverkehr, gänzlich unbeeindruckt von ihrer Umgebung, die bröckelnde Pracht eines Stadtpalais aus dem 18. Jahrhundert. Anfang des 19. Jahrhunderts residierte hier Friedrich Wilhelm von Braunschweig – Englisch: Brunswick – und gab dem Brunswick House seinen heutigen Namen. Gehen Sie unbedingt rein! Das Haus beherbergt Lassco, einen Shop für architektonische Antiquitäten und Fundstücke, die in dem georgianischen Anwesen ihre ideale Ausstellungsfläche gefunden haben, sowie das Brunswick House, ein originelles Restaurant mit Bar. Tipp: Der kleine Außenbereich im Sommer für Drinks – so zauberhaft sitzen Sie sonst nirgendwo neben einem viel befahrenen Kreisverkehr.

MEHR INFORMATIONEN

www.vauxhallpark.org.uk
www.brunswickhouse.london
www.lassco.co.uk/locations/brunswick-house

MEINE TOP 10 IN LONDON

1 **SEITENSTRASSEN ERKUNDEN:** London ist eine Stadt der Gegensätze, die direkt nebeneinander liegen. Bestes Beispiel sind die atmosphärischen Seiten- und Parallelstraßen im Norden (Fitzrovia) und Süden (Mayfair) der menschenüberfluteten Shoppingmeile Oxford Street.
▶ **WEIL ... es hier statt Konsumrummel historische Fassaden, schöne Pubs und grüne Ecken gibt.**

2 **EIN PINT AN DER THEMSE:** Im westlichen Stadtteil Hammersmith versteckt sich eine der besten Flusspromenaden der Stadt. Hier treffen sich Londoner bei schönem Wetter gerne auf einen Drink. Setzen Sie sich einfach dazu.
▶ **WEIL ... Drinks an der Themse mit Blick auf viel Grün am schönsten sind.**

3 **LEIGHTON HOUSE:** Entworfen, um »ab und zu etwas Schönes zu sehen«. So beschrieb der Hausherr dieses Anwesen, ein viktorianischer Künstlerfürst, mit britischen Understatement die Arab Hall im Erdgeschoss, für die allein der Eintritt lohnt.
▶ WEIL … **man hier zumindest in der Fantasie in diesem Traumhaus wohnen kann.**

4 **CITY AM WOCHENENDE:** Werktags pulsiert in der City of London die internationale Finanzszene. Am Wochenende wird es im historischen Zentrum der Stadt dann still. Die Entdeckertour zwischen den Glas- und Stahltürmen kann beginnen.
▶ WEIL … **man in der City auf den Spuren der Römer wandeln kann.**

5 **DAS EAST END:** Märkte, coole Shops, Restaurants, Bars, Streetart in Shoreditch und faszinierende Zeugnisse der Immigration in Spitalfields: Das alte Londoner Arbeiterviertel im Osten ist bunt, trubelig und immer einen Ausflug wert.
▶ WEIL … **es im East End nie langweilig wird.**

6 **HAMPSTEAD:** Durch die Gassen von Hampstead zu streifen, ist ein besonderes Vergnügen. In dem ehemaligen Dorf im Norden ist der Großstadtrummel weit weg.
▶ WEIL … **der Blick von Hampstead Heath auf die Stadt einfach dazugehört.**

7 **GREENWICH:** Anfahrt auf der Themse, das atemberaubende Barockensemble des Old Royal Naval College, der Blick vom Greenwich Park auf die Stadt, schlendern am Fluss – Greenwich ist das perfekte Ausflugspaket.
▶ WEIL … **der Südosten der Stadt oft vernachlässigt wird.**

8 **BRUNSWICK HOUSE:** Eine kuriose Fundgrube für architektonische Antiquitäten, ein originelles Restaurant mit Bar – dieses Stadtpalais aus dem 18. Jahrhundert behauptet sich hartnäckig zwischen Hochhäusern aus Glas und Stahl.
▶ WEIL … **dieser Ort der Kontraste typisch für London ist.**

9 **SPAZIERGANG AM REGENT'S CANAL:** Ob von Maida Vale nach Camden oder von King's Cross bis zum Broadway Market – tauchen Sie ein in eine verborgene Londoner Welt an einem Kanal, der einst ein wichtiger industrieller Transportweg war.
▶ WEIL … **ein Perspektivwechsel einfach Spaß macht.**

10 **QUEEN ELIZABETH HALL ROOF GARDEN:** Die schönste Art, mitten in der Stadt bei schönem Wetter Drinks mit Blick auf die Themse zu genießen.
▶ WEIL … **es hier so wunderbar relaxt ist.**

↖ Fassadenweltmeister London: Die schönsten Exemplare verstecken sich oft in den Seitenstraßen, wie hier auf der Great Titchfield Street in Fitzrovia.

28

GARDEN MUSEUM

URALTE KIRCHE WIRD GRÜNES MUSEUM

Großbritannien hat bekanntermaßen eine besondere Liebesaffäre mit seinen Gärten. Interessanterweise ist das einzige Museum des Landes, in dem sich alles um das Thema Gartendesign und Gärtnern dreht, nicht umringt von Grün auf dem Land, sondern befindet sich im Londoner Stadtteil Lambeth am Südufer der Themse.

Im Jahr 1976 sollte die entweihte Kirche St. Mary-at-Lambeth abgerissen werden. Die Kirche mit Ursprüngen bis ins Mittelalter ist die Grabstätte einiger Erzbischöfe von Canterbury, die seit dem 13. Jahrhundert im direkt nebenan liegenden Lambeth Palace ihren Londoner Sitz haben. Entscheidend für unsere Geschichte ist aber, dass auch zwei große Gärtner ihre letzte Ruhestätte in der Kirche gefunden hatten, denn nur deswegen gibt es heute an der Lambeth Road das Garden Museum – und die alte Kirche wurde glücklicherweise vor dem Abriss gerettet.

Wie so oft, steckt dahinter der Einsatz passionierter Menschen: Nachdem die Gartenliebhaber Rosemary and John Nicholson das Grabmal von John Tradescant dem Älteren (um 1580–1638) und seinem Sohn, dem Jüngeren (1608–1662), entdeckt hatten und hörten, dass die Kirche abgerissen werden sollte, initiierten sie die Gründung des Museums, um das Grabmal der Tradescants – ein außergewöhnlich verzierter Steinsarkophag aus dem Jahr 1662 – zu erhalten. An dieser Stelle muss betont werden, dass die beiden Herren, und insbesondere der Vater, eine besondere Stellung in der Garten- und Botanikgeschichte Großbritanniens einnehmen. Tradescent d. Ä. zählt zu den einflussreichsten Botanikern des 17. Jahrhunderts. Als Stargärtner seiner Zeit arbeitete er für Karl I., unternahm botanische Sammelreisen in Europa und ist der Gründer des ersten öffentlichen Museums in Großbritannien.

Stargärtner mit Sinn für Volksbildung

Der umtriebige Gärtner und Sammler nicht nur von Pflanzen, sondern auch allerlei Artefakten erwarb ein Haus, The Ark, in der Nähe des jetzigen Garden Museum und stellte dort ab 1629 im »Musaeum Tradescantianum« sein Kuriositätenkabinett aus. Die botanischen Schätze konnten im dazugehörigen Garten bewundert werden. Zugang hatten gegen Eintritt alle Interessierten, und das erste öffentliche Museum des Landes war geboren. Ein Teil der Ark-Kollektion ist heute im Garden Museum (14 £) zu sehen. Nach dem Tod von Tradescent dem Jüngeren, der die Arbeit seines Vaters fortgesetzt hatte, gelangte die Sammlung mit dem Anwalt und Wissenschaftler Elias Ashmole nach Oxford, wo sie gemeinsam mit Ashmoles Ausstellung den Kern des Ashmolean Museum bildete. 30 Objekte sind als Leihgabe ins Museum an der Themse zurückgekehrt. Daneben bietet die ständige Sammlung mit historischen Artefakten einen originellen Einblick in die Geschichte des Gartens und Gärtnerns. Von der ältesten Gießkanne aus dem 16. Jahrhundert bis zu einem Gurkenstrecker aus der viktorianischen Zeit, damit das Gemüse gerade wächst, ist alles dabei.

Das Herzstück des Museums ist allerdings ein dschungelähnlicher Innenhofgarten, der mit vielen exotischen Pflanzen angelegt wurde und in dessen Mittelpunkt der Trasdescant-Steinsarkophag steht. Und nicht nur das: Auch das Grabmal des Kapitäns der berühmten »Meuterei auf der Bounty«, William Bligh, der genau wie Tradescant in Lambeth lebte, versteckt sich in der Begrünung. Man stelle sich nur vor, all das wäre mit dem Kirchenabriss verschwunden.

INFO

THEMSEPANORAMA UND COVID-GEDENKMAUER

Garten muss nicht sein, eine gute Aussicht aber schon? Dann steigen Sie für einen der besten Blicke vom Südufer auf die Houses of Parliament die 131 Stufen des mittelalterlichen Turms (1377) der Kirche St. Mary-at-Lambeth hoch. Der Turm ist separat vom Museum zugänglich (4 £) und ermöglicht auch einen Blick in den Garten von Lambeth Palace nebenan, wo der Erzbischof von Canterbury ansonsten die Tore geschlossen hält. Noch ein Tipp: Gehen Sie am Themseufer weiter in Richtung Osten. Bei gutem Wetter sitzt man hier schön bei einem Kaffee am Fluss. Direkt gegenüber der Houses of Parliament erinnern mehr als 220 000 handgemalte rote Herzen, die von Angehörigen individuell beschriftet wurden, an der über 500 Meter langen National Covid Memorial Wall an die Menschen, die im Land an Covid-19 gestorben sind.

MEHR INFORMATIONEN

www.gardenmuseum.org.uk

← Vom Café des Museums aus überblickt man wunderbar den grünen Garten.
↑ Erinnerung an eine Zeit, als London zum Stillstand kam: National Covid Memorial Wall

29

SOUTHWARK UND SEINE KATHEDRALE

VERGANGENHEIT TRIFFT GEGENWART

Tate Modern, Shakespeare's Globe Theatre, der Borough Market – in Southwark befinden sich einige der beliebtesten Sehenswürdigkeiten Londons. Mittendrin: eine gotische Kathedrale, die von vielen übersehen wird und doch so viel zu erzählen hat.

Southwark ist Südlondons ältester Stadtteil, und bevor wir uns Southwark Cathedral genauer anschauen, ist eine Einordnung in ihren urbanen Kontext angesagt. Direkt gegenüber dem Finanzviertel mit seinen glitzernden Hochhäusern am nördlichen Themseufer, wo London sein futuristisches Gesicht zeigt, erinnert Southwark an die römischen Anfänge der Stadt. Aber auch hier ist unwiderruflich die Neuzeit eingezogen, denn wenn eines gewiss ist in London, dann das, dass sich alles ständig wandelt und Uraltes und ganz Neues Seite an Seite eine neue Version von Londinium erschaffen. In Southwark, das zum großen Stadtbezirk London Borough of Southwark gehört, der sich über gut acht Kilometer bis nach Crystal Palace im Süden erstreckt, ist der gigantische Glassplitter des Shard seit 2012 zum Symbol für diesen Wandel geworden. Das fast 310 Meter hohe Gebäude direkt neben der London Bridge Rail Station ist mit seiner Aussichtsplattform, Restaurants und einem Hotel heute eine Touristenattraktion und selbst knapp neun Kilometer westlich vom Themseufer in Chelsea aus zu sehen. Als Southwark seine Anfänge nahm, lag all das noch in weiter Ferne.

Eine Römerbrücke als Startschuss für die Stadtteilentwicklung

Nachdem die Römer das Militärlager Londinium am Nordufer der Themse gegründet hatten, bauten sie im Jahr 43 n. Chr. nahe der aktuellen Version der London Bridge die erste Brücke über den Fluss. Southwark beansprucht daher für sich, die längste Geschichte aller Londoner Stadtteile aufweisen zu können. Sein Name geht auf das altenglische Word »Sudwerca« zurück, was so viel wie »südliches Verteidigungswerk« bedeutet. Die Aussprache des Wortes Southwark kann bei Londonreisenden übrigens für Verwirrung sorgen. Denn anders, als es die (deutsche) Logik vermuten lässt, gibt es weder einen Au- noch einen W-Laut. Nach den unergründlichen englischen Ausspracheregeln sollte es sich stattdessen wie »Sathark« anhören.

Nach der alten Römerbrücke war die berühmteste Vorgängerin der heutigen London Bridge von 1973 die bebaute Old London Bridge aus dem 13. Jahrhundert. Sie blieb bis zur Errichtung der Westminster Bridge 1750 sogar die einzige Themse-Brücke. Über viele Jahrhundert gelangten alle, die hier den Fluss überquerten, in ein Gebiet, das außerhalb der Jurisdiktion der City of London lag und als Liberty of Clink bekannt war. In seinen Straßen konnte all das gedeihen, was am anderen Ufer verboten war: Glücksspiel, Theater, Bordelle. Das Sagen hatte der jeweilige Bischof von Winchester, der wirtschaftlich vom Londoner Rotlichtviertel profitierte. Wenige Überreste des ehemaligen Palasts der Bischöfe sind in der Nähe der Southwark Cathedral zu sehen, die zeitweise unter dem Patronat der Bischöfe von Winchester stand.

→ Noch überragt der Shard alles, ein Wolkenkratzer in gleicher Höhe wird allerdings aktuell in der City geplant.

Vom Rotlichtviertel zum Besucherliebling

Im Lauf der Jahrhunderte wurde Southwark zu einem Londoner Stadtteil. Mit dem Eisenbahnbau und der Blütezeit der Hafenanlagen erfuhr die Gegend einen Aufschwung, der mit der Schließung der Docks 1950 sein Ende fand. Seit Ende der 1980er ging es wieder aufwärts. In den alten Werftanlagen entstanden Zentren für Shops und Wohnungen, und eine Reihe von Top-Sehenswürdigkeiten zieht sich nun an der Themse entlang: 1997 wurde der Nachbau von Shakespeares Globe Theatre auf der Bankside eingeweiht, 2000 direkt nebenan das grandiose Tate Modern Museum. An der London Bridge liegt mit dem Borough Market Londons beliebtester Food Market, während an all dem der immer von Spaziergängern belebte Thames Path vorbeiführt.

Bei all diesen Publikumslieblingen wird eine der optisch und historisch interessantesten Kirchen Londons oft übersehen. Denn die Southwark Cathedral quetscht sich buchstäblich zwischen London Bridge, Borough Market und ein Bahnviadukt hinein. Das ist weder pittoresk noch grandios, aber wer in London überleben möchte, muss sich mit Kompromissen arrangieren – das gilt auch für Sakralbauten. Und die Southwark Cathedral kann froh sein, dass sie überhaupt noch steht. Als im 19. Jahrhundert eine neuere Version der London Bridge konzipiert wurde, sollte die damals baufällige Kirche aus Platzgründen erst komplett weichen, wurde dann aber gerettet und stattdessen rekonstruiert. Seit Mitte des 19. Jahrhunderts verläuft nur 18 Meter von der Südostecke der Kathedrale das Hauptviadukt der Bahnlinie, das den Bahnhof London Bridge mit den Haltestellen Blackfriars, Cannon Street und Charing Cross verbindet. Anders ging es eben nicht. Ein kurioses und typisches Londoner Beispiel von Bauen durch die Jahrhunderte hindurch.

← Sakrales Wahrzeichen am Südufer der Themse mit einem knapp 50 Meter hohen Glockenturm
↗ Alabasterskulptur des ehemaligen Southwark-Bewohners William Shakespeare in der Kathedrale

Kathedrale mit Geschäftssinn

Die Southwark Cathedral selbst, die offiziell Cathedral and Collegiate Church of St Saviour and St Mary Overie heißt, war zwischen 1106 und 1538 die Kirche eines Augustinerpriorats, bevor sie zu einer Pfarrkirche wurde. Seit 1905 ist sie die Kathedrale des anglikanischen Bistums Southwark. Während die Bausubstanz nach der Renovierung im 19. Jahrhundert weitgehend viktorianisch ist, stammt die heutige Form der Kirche aus der Zeit zwischen 1220 und 1420, was die Southwark Cathedral zur ältesten gotischen Kirche Londons macht. Ein besonders schönes Beispiel mittelalterlicher Architektur ist der Retrochor aus dem 13. Jahrhundert. Diese Choranlagen hinter dem Hochaltar finden sich häufig in englischen Kathedralen. Kurios: Nachdem der Retrochor während der Herrschaft von Königin Maria I. (1516–1558) vom Bischof von Winchester genutzt wurde, um protestantische Ketzer zu verurteilen, wurde der Raum in der zweiten Hälfte des 16. Jahrhunderts an Bäcker vermietet, und sogar Hühner und Schweine fanden hier ein vorübergehendes Zuhause. Typisch für die allgemein recht unternehmerisch aufgestellten englischen Kirchen wird dieser Bereich auch heute »zweckentfremdet« und als Veranstaltungsräumlichkeit vermietet.

← ↙ Publikumslieblinge in Southwark: das Shakespeare's Globe Theatre am Themseufer und der Borough Market für Lebensmittel und Leckereien, der bis ins 13. Jahrhundert zurückgeht
↘ Das älteste Beispiel gotischer Architektur in London: Kirchenschiff der Southwark Cathedral

Fenster in die Vergangenheit

Neben der spannenden Geschichte der Kirche selbst, in der Anfang des 17. Jahrhunderts auch der in Southwark geborene spätere Gründer der Harvard University, John Harvard, getauft wurde und William Shakespeare Gemeindemitglied war, finden sich in der Southwark Cathedral besondere Einblicke in die Vergangenheit der Stadt: 1999 wurden bei Ausgrabungen Überreste einer römischen Straße und eine Wasserleitung aus dem 19. Jahrhundert entdeckt, die in einem Gang neben dem Kircheninneren zu sehen sind.

Die zweite Kuriosität ist etwas, das es nur an der Themse gibt. In der Nähe des Haupteingangs beherbergt die Southwark Cathedral Londons erste und einzige Mudlarking-Ausstellung für Fundstücke, die Hobby-Schatzsucher am Flussufer gefunden haben. *Mudlarks* (wörtlich: Schmutzfinke), die im Themseschlamm nach Wertgegenständen suchten, gibt es in London seit dem 18. Jahrhundert. Heute ist *mudlarking* eine beliebte Freizeitbeschäftigung in der britischen Hauptstadt, denn die Themse als ein von Ebbe und Flut regulierter Fluss eignet sich dafür besonders gut. Wenn Sie bei Ebbe also Menschen, manchmal mit Metalldetektoren, in Gummistiefeln und mit auf den Boden gerichteten Blick am Ufer entlangstapfen sehen, wundern Sie sich nicht. Die Damen und Herren haben dafür eine Lizenz erworben und sind auf der Suche nach Dingen, die seit Jahrhunderten im Themseschlamm begraben liegen und durch die Bewegungen des Wassers im täglichen Lauf der Gezeiten an die Oberfläche gelangen. Unter den Funden wie Münzen, Schmuck oder Geschirr sind hin und wieder auch Gegenstände von archäologischem oder historischem Interesse, und alles, was man findet, muss offiziell gemeldet werden. Die spannenden, wechselnden Gastausstellungen in der Southwark Cathedral, in der Vergangenheit etwa mittelalterliche Pilgerabzeichen, die in der Nähe der Kirche gefunden wurden, sind damit eine Plattform für all das, was das Themseufer als gewaltige archäologische Stätte einerseits versteckt hält und andererseits täglich bei Ebbe ans Tageslicht bringt – sofern sich ein *mudlark* findet, der an diesem Tag ein glückliches Händchen bzw. gutes Auge gehabt hat.

INFO

ERINNERUNG AN VERGESSENE

Zehn Minuten südlich der Kathedrale fällt auf einer Seitenstraße ein mit bunten Bändern verziertes Tor auf, hinter dem sich eine besondere Southwark-Sehenswürdigkeit verbirgt: Cross Bones Graveyard war vom späten Mittelalter bis ins 19. Jahrhundert eine Beerdigungsstätte für gesellschaftliche Außenseiter und erinnert an die unrühmliche Rolle der Kirche in der Vergangenheit des Stadtteils. Während die Bischöfe von Winchester kein Problem damit hatten, Prostituierten für ihre Berufsausübung in Southwark eine Lizenz zu erteilen, wollte man mit den Frauen nach ihrem Tod nichts zu tun haben. Beerdigungen waren nur auf dem ungeweihten Cross Bones Gräberfeld erlaubt, das ab dem 18. Jahrhundert zu einem allgemeinen Armenfriedhof wurde und nach seiner Schließung im 19. Jahrhundert in Vergessenheit geriet. Bei Ausgrabungen Anfang der 1990er wurden die Gräber entdeckt, und eine lokale Initiative erhält den ehemaligen Friedhof heute als Gedenkstätte und Garten am Leben. Tipp: Werfen Sie wenige Schritte weiter einen Blick in den idyllischen Red Cross Garden, der 1887 von der Sozialreformerin Octavia Hill (s. auch Kap. 27) für die Southwark-Bewohner initiiert wurde. Der Stadtteil war damals für seine beengten Unterkünfte und Fabriken bekannt, und die hübschen Häuschen, die als Teil des Gartens gebaut wurden, sind ein Beispiel für frühen sozialen Wohnungsbau in London.

MEHR INFORMATIONEN

www.cathedral.southwark.anglican.org
www.thamesdiscovery.org
www.bost.org.uk/crossbones-graveyard

Ein Schrein für Menschen, die vergessen wurden: dekoriertes Tor des Cross Bones Graveyard

30

BERMONDSEY

LONDONER LAGERHAUSCHARME

Wo einst Leder produziert wurde, wird heute gut gegessen und schön mit Themse-Aussicht gewohnt. Unmittelbar östlich von Southwark laden die Straßenzüge des historischen Industrieviertels Bermondsey zu entspannten Spaziergängen ein.

Leathermarket Gardens, Tanner Street oder Bermondsey Spa Gardens. Bermondsey trägt seine Vergangenheit in den Ortsnamen des Stadtteils – und dazu gehört sowohl die Lederindustrie (*tanner* = Gerber) als auch eine Episode als »Heilbad« *(spa)*. Bereits im 17. Jahrhundert war Bermondsey für seine Gerbereien bekannt. Die Lage südlich des Flusses außerhalb der Stadtmauern mit einer guten Wasserversorgung und viel Platz für die Tierhaltung hatte es für diesen Erwerbszweig prädestiniert. Im späten 18. Jahrhundert stammte ein Drittel des im Land produzierten Leders aus dem Londoner »Land des Leders«. Parallel dazu entwickelte sich Bermondsey kurioserweise auch zum Kurort, nachdem ein Ortsansässiger 1770 auf der heutigen Spa Road eine natürliche Quelle entdeckt hatte und Ärzte Patienten das Wasser aus dem »Bermondsey Spa« verschrieben. Der Gesundheitsboom war jedoch nur von kurzer Dauer, und das Spa wurde 1804 geschlossen.

Die langlebigere Lederindustrie schaffte es bis ins 20. Jahrhundert. Auf der Bermondsey Street, die sich als zentrale Nord-Süd-Meile durch das Viertel zieht, und den davon abgehenden Straßen Tanner Street, Morocco Street und Leathermarket Street sind viele der Lagerhäuser erhalten geblieben. Schauen Sie sich auf der Leathermarket Street auch das Gebäude der Leather, Hide and Wool Exchange an, das 1878 als Handelszentrum für Kuhhaut *(hide)* und Leder eröffnet wurde. Auf seiner Geschichten erzählenden Fassade stellen fünf Steinrondelle die verschiedenen Stadien des Prozesses der Lederherstellung dar, wie das Abschaben des Fells von der Tierhaut und das anschließende Gerben. Heute beherbergt das Gebäude Büros und ein Pub.

Einst Lagerhäuser, jetzt schicke Lofts

Die Umwandlung der Industrieinfrastruktur in urbane Orte zum Wohnen, Arbeiten und Ausgehen hat viel damit zu tun, dass Bermondsey und vor allem die atmosphärische Bermondsey Street in den letzten Jahrzehnten zu einem bei Londonern sehr beliebten Quartier geworden ist. Wer gerne kulinarisch unterwegs ist, findet hier zudem ein kleines Foodie-Zentrum. Zu langjährigen Favoriten gehören das Mini-Tapasrestaurant José und das urige Bistro Casse-Croûte auf der Bermondsey Street sowie das Zwei-Sterne-Restaurant Story weiter östlich am Südende der Tower Bridge, das 2013 von dem damals erst 26 Jahre alten britischen Koch Tom Sellers eröffnet und direkt zum Liebling der gehobenen Londoner Restaurantszene wurde.

Wer wenig Zeit hat, bekommt bereits bei einem Spaziergang auf und ab der Bermondsey Street einen guten Eindruck von der Atmosphäre des Viertels. Für Kunstfreunde empfiehlt sich die Südlondoner Zweigstelle von White Cube auf der Bermondsey Street. Die regelmäßig wechselnden Ausstellungen der Galerie, die zu den besten für zeitgenössische Kunst weltweit gehört, sind kostenlos und immer einen Besuch wert.

← Gemütlich schlendern im Schatten des Shard auf der charmanten Bermondsey Street
↓ Auf dem kleinen Ropewalk findet eine ganze kulinarische Welt Platz.

INFO

STREETFOOD UNTER BAHNBÖGEN
Wer mehr Zeit mitbringt (und gerne isst), sollte den Maltby Street Market auf dem kleinen Ropewalk südlich der Bermondsey Street einplanen. Am Wochenende reihen sich hier Streetfoodstände entlang einem Bahnviadukt aus dem 19. Jahrhundert. In den Bahnbögen selbst hat sich eine bunte Mischung an Läden, Bars und Restaurants angesiedelt. Als Gegenentwurf zum nahe gelegenen Borough Market, über den sich am Wochenende die Touristen schieben, ist der Maltby Street Market unschlagbar. Alternativ wartet am Südufer der Themse östlich der Tower Bridge das dichteste Netzwerk viktorianischer Speicherhäuser in London. Auf der Straße Shad Thames, die als Hauptweg durch das gleichnamige Gebiet führt, laufen überkopf noch die schmiedeeisernen Brücken, die einst für den Transport der Waren von den Werften zu den Lagerhäusern genutzt wurden.

MEHR INFORMATIONEN
www.maltbystreetmarket.co.uk

31

BRUNEL MUSEUM

INGENIEURSKUNST FÜR DIE EWIGKEIT

Ein Tunnelschacht, ein Maschinenhaus – mehr braucht das kleine Brunel Museum nicht, um eine Geschichte von Erfindergeist und Beharrlichkeit zu erzählen, an deren Ende mit dem Thames Tunnel der weltweit erste Unterwassertunnel steht. Hauptprotagonist ist eine legendäre Vater-Sohn-Ingenieurkombo.

Der nur knapp 1,60 Meter große Isambard Kingdom Brunel (1806–1859) war ein Gigant seines Metiers. Der britische Ingenieur baute alles, von Eisenbahnen über Tunnel und Brücken bis hin zu Schiffen, immer mit brillanten Ideen und Lösungen für Probleme, an denen andere scheiterten. Sein aus Frankreich stammender Vater Mark Isambard Brunel (1769–1849) entwickelte Maschinen zur Automatisierung der Produktion von Flaschenzügen

und damit das weltweit erste Fabrikmontageband. Der Plan für einen Themsetunnel, der den zum Docklands-Hafengebiet gehörenden Stadtteil Rotherhithe im Südosten mit Wapping gegenüber verbindet, entstand zu Beginn des 19. Jahrhunderts. Die Themse war damals eine der weltweit meistbefahrenen Wasserstraßen. Eine neue Verkehrsverbindung sollte die expandierenden Docks am Nord- und Südufer miteinander verbinden, damit die auf der einen Seite entladene Fracht schneller zur anderen kommt. Denn auf den Brücken herrschte Stau.

Mit bahnbrechender Technik voran

Brunel Seniors Plan für den ersten Unterwassertunnel der Welt involvierte ein von ihm entwickeltes Schild, das die Arbeiter vor dem Einsturz des Tunnels schützte, während sie sich per Hand 22 Meter unterhalb der Themse durch die Erde gruben. Die Methode des visionären Ingenieurs ist heute als Schildvortrieb bekannt. 1825 begannen die Arbeiten. 1826 ernannte Brunel seinen erst 20 Jahre alten Sohn Isambard zum leitenden Ingenieur, und die Aufgabe hätte nicht undankbarer sein können. Insgesamt dauerten die Arbeiten aufgrund von Unfällen und Finanzierungsproblemen 18 Jahre anstatt wie geplant drei. Bei einer Überschwemmung kam Isambard beinahe selbst ums Leben.

1843 wurde der 396 Meter lange, zehn Meter breite und sechs Meter hohe Tunnel endlich unter großem Beifall eröffnet. Die Londoner waren begeistert davon, unter der Themse hindurchgehen zu können, und das Werk der Brunels wurde zur Touristenattraktion. Erfolg als Alternative für den Güterverkehr hatte der Tunnel allerdings nie. Nachdem auch das Interesse der Bevölkerung nachließ, wurde er ab 1869 zum Eisenbahntunnel umfunktioniert und ist heute Teil des London-Overground-Netzes zwischen Rotherhithe und Wapping. Neben dem Maschinenhaus des Mammutprojekts, in dem das Brunel Museum mit einer Ausstellung die Details der Themsetunnel-Geschichte erzählt, ist der Tunnelschacht die Hauptattraktion für Besucher. Der heutige Raum ist nur halb so tief wie der ursprüngliche Zugangsschacht, aber man bekommt dennoch eine Vorstellung von der Leistung des jungen Ingenieurs Brunel und seiner Arbeiter. Das Rumpeln der Züge von der darunterliegenden Bahnlinie tut ihr Übriges. Das Museum veranstaltet im Schacht regelmäßig »Untergrundkonzerte«. Alternative im Freien: die originelle sommerliche Pop-up-Cocktailbar Midnight Apothecary auf der Dachterrasse und im Garten des Museums.

INFO

KLEINES HAFENDORF, GROSSE GESCHICHTE
Bleiben Sie noch einen Moment in Rotherhithe, um ein Gespür von der maritimen Historie der Gegend zu bekommen. Im Zuge der Umwandlung der Docklands in neue Wohngebiete hat sich hier viel verändert. Im alten Rotherhithe Village mit seinen Kopfsteinpflasterstraßen finden sich aber noch Erinnerungen an die Hafenvergangenheit des Viertels: 1620 stachen von Rotherhithe aus die Pilgerväter auf der »Mayflower« in Richtung Amerika in See. Das historische Mayflower Pub (gut für Lunch mit Flussblick!) nur wenige Meter neben dem Brunel Museum ist nach der Anlegestelle des Schiffs benannt. In der benachbarten St. Mary's Church erinnert eine Gedenktafel an Kapitän Christopher Jones, der in Rotherhithe lebte und im Kirchhof seine letzte Ruhestätte gefunden hat.

MEHR INFORMATIONEN
www.thebrunelmuseum.com

← Klangvoller Untergrund: ein alter Tunnelschacht als origineller Ort für musikalische Darbietungen
↑ Aufbruch in die Neue Welt: Stoßen Sie im Mayflower Pub auf die Pilgerväter an.

32

GREENWICH

UNESCO-WÜRDIGES FISCHERDORF

Kann eine UNESCO-Welterbestätte ein Geheimnis sein? An sich nicht. Dennoch steht Greenwich bei den meisten Londonbesuchern, wenn überhaupt, erst auf der Liste, wenn alle »wichtigen« Sehenswürdigkeiten abgehakt sind. Dabei gibt es gute Gründe, den Stadtteil im Südosten zu priorisieren.

Schon die Anfahrt per Boot vom Zentrum aus und das gemütliche Vorbeischippern an der Stadtkulisse ist ein schönes Londonerlebnis. Einen guten Eindruck von der Entwicklung des alten Hafengebiets der Docklands bekommt man zudem. Zum UNESCO-Komplex am Ufer von Greenwich, der offiziell Maritime Greenwich heißt, gehören das Old Royal Naval College, die königliche Sternwarte und der Greenwich Park. Das von Christopher Wren und seinem Schüler Nicholas Hawskmoor im grandiosen englischen Barockstil entworfene Royal Naval College wurde von Maria II. (1662–1694) ursprünglich als ein Heim für pensionierte Seeleute in Auftrag gegeben und war noch bis 1998 eine Marineakademie.

Großbritanniens »Sixtinische Kapelle«

Gehen Sie von der Bootsanlegestelle aus auf der Uferpromenade bis zum Water Gate für einen ersten Blick auf die prachtvolle Symmetrie von Wrens Design mit zwei Kuppelbauten. In diesen befinden sich die Painted Hall (15 £), ehemals Speisesaal für die Pensionäre, und die Kapelle. Die Decken- und Wandgemälde der Painted Hall aus dem frühen 18. Jahrhundert sind grandios und nach einem mehrjährigen, aufwendigen Restaurierungsprozess seit 2019 wieder zu besichtigen. Das Old Royal Naval College, das heute in einigen Teilen das Trinity Laban Conservatoire of Music and Dance beherbergt, wurde an der Stelle eines Tudorpalastes errichtet, der als östlichster in der Reihe königlicher Paläste an der Themse gebaut worden war. Nur das Queen's House aus dem 17. Jahrhundert im Greenwich Park, der direkt an das Old Royal Naval College anschließt, ist als spätere Ergänzung des Komplexes noch übrig. Weiterer Stopp an dieser Stelle: das kostenlose National Maritime Museum, das nicht nur an Großbritannien Vergangenheit als große Seefahrernation erinnert, sondern das Thema Seefahrt auf unterhaltsame Art aufbereitet.

Von hier geht es dann direkt in den Greenwich Park, eine herrliche 73-Hektar-Anlage, die 2012 Schauplatz der Olympischen Reitwettbewerbe war. Auf dem höchsten Punkt des Parks ließ Karl II. im Jahr 1675 für den ersten Hofastronomen, John Flamsteed, eine Sternwarte bauen, die zur berühmtesten der Welt wurde: Das Royal Observatory liegt auf dem Nullmeridian. Hier kann man mit einem Bein auf der östlichen und dem anderen auf der westlichen Halbkugel stehen und die prächtige Aussicht von der Terrasse, wie vom Park überhaupt, auf das Themsepanorama genießen.

Tipp: Nach dem UNESCO-Komplex lohnt sich eine Runde durch das direkt anschließende lebhafte Zentrum des alten Fischerdorfs Greenwich mit Restaurants, Pubs, Boutiquen und Läden, die allerlei nautische Kuriositäten verkaufen. Schönstes Shopping bietet dabei der Greenwich Market in einer alten überdachten Halle, wo von Dienstag bis Sonntag Schmuck, Antiquitäten, Mode, Kunsthandwerk und Geschenkartikel angeboten werden.

← Klassischer Greenwich-Blick: Kuppelbauten mit dem Queen's House im Hintergrund
↓ An diesem Häuschen startet Ihr Fußmarsch unterhalb der Themse.

INFO

SPAZIERGANG UNTERM FLUSS
Für den besten Blick auf das Greenwich-Ensemble müssen Sie auf die andere Flussseite. Praktischerweise gibt es dafür einen Fußgängertunnel zu Island Gardens auf der gegenüberliegenden Isle of Dogs. In dem kreisförmigen Eingangsgebäude des Greenwich Foot Tunnel von 1902 geht es über eine Wendeltreppe oder einen Lift nach unten. Der Fußmarsch unterhalb der Themse ist rund 370 Meter lang, und auf der anderen Seite erwartet Sie der »Canaletto-Blick« auf Greenwich, den der italienische Meister um 1750 festgehalten hat. Die schönen Boote, die auf seinem Gemälde zu sehen sind, fehlen zwar heutzutage, aber die Sicht auf die harmonische Anordnung des Old Royal Naval College, zwischen dessen beiden Kuppelbauten der Blick auf das Queen's House und die auf dem Hügel liegende Sternwarte freigegeben wird, ist perfekt.

MEHR INFORMATIONEN
www.visitgreenwich.org.uk
www.ornc.org

33

ELTHAM PALACE

MITTELALTER GOES ART DÉCO

Was kommt dabei heraus, wenn man die Überreste eines mittelalterlichen Königspalasts mit einem Art-déco-Anbau kombiniert? Die Antwort finden Sie im Südlondoner Stadtteil Eltham, wo sich eines der ungewöhnlichsten Häuser Londons versteckt.

Die englische *upper class* ist ein ergiebiges Thema für Film, Fernsehen und Literatur. Wer Eltham Palace auf seine London-Liste setzt, bekommt einen guten Eindruck davon, wie Angehörige dieser speziellen »Gattung« in den 1930er-Jahren gelebt und sich vergnügt haben. Ein Lemur als Haustier? Unbedingt. Goldenes Badezimmer? Passt. Und ein Swimmingpool im Garten darf natürlich auch nicht fehlen. Im Fall von Eltham Palace haben wir

es mit dem Millionärspaar Stephen und Virginia Courtauld zu tun, die 1933 einen ehemaligen königlichen Palast im Südosten Londons erwarben. Die Geschichte des mittelalterlichen Eltham Palace als königliche Residenz geht bis in die Zeit von König Edward II. im 14. Jahrhundert zurück. Seither wurde das Anwesen von nachfolgenden Monarchen genutzt, die hier gerne Weihnachten feierten. Im 17. Jahrhundert waren die Zeiten von Eltham als Ort königlicher Vergnügen allerdings vorbei. Der neu umgebaute und rund sieben Kilometer nördlich am Fluss gelegene Greenwich Palace war einfacher zu erreichen.

Königspalast wird High-Society-Partybude

Dafür kam 300 Jahre später der Geldadel vorbei und drückte dem verfallenen Palast seinen sehr eigenen Stempel auf. An die Great Hall aus dem 15. Jahrhundert mit der drittgrößten Hammerbalken-Decke Englands wurde ein Wohnhaus gebaut, dessen Inneneinrichtung ein Art-déco-Meisterwerk ist. Glanzstück ist die große Eingangshalle, die man sich auch als Lobby in einem angesagten Hotel vorstellen könnte. Gestaltet wurde sie von dem schwedischen Designer Rolf Engströmer mit einer Glaskuppel, durch die das Licht auf szenisch geschmückte Wände, einen runden Art-déco-Teppich und stilvolle Möbel fällt.

Von hier aus führt ein Rundgang durch das Haus (nutzen Sie den Audioguide!). Das Gebäude wurde von dem Paar mit damals hochmodernen technologischen Innovationen wie Gasheizung, elektrischen Kaminen in den Schlafzimmern, Haustelefon, eingebauten Audiosystemen und einem zentralen Staubsaugersystem ausgestattet. Bis in die 1940er-Jahre feierten die Courtaulds gemeinsam mit einer illustren Gästeschar aus Royals, Politikern, Künstlern und Schauspielern. Dann kam der Krieg, das Paar verließ London, und nach einer Periode der Nutzung durch das Royal Army Educational Corps wurde das Anwesen 1995 von English Heritage übernommen, einer wohltätigen Organisation, die sich in England um die in Staatsbesitz befindlichen Baudenkmäler und archäologischen Stätten kümmert.

Verpassen Sie bei einem Besuch auch nicht, durch die herrliche Gartenanlage zu schlendern, in der Londons älteste noch genutzte Brücke aus dem 15. Jahrhundert über den ehemaligen Schlossgraben führt. Und dann setzen Sie sich am besten in einen der Stühle auf dem Rasen hinter dem Haus und genießen Sie für einen Moment lang ein wahres englisches *Upper-class*-Gefühl.

INFO

AUF EINE TASSE TEE MIT AUSSICHT

Wissen Sie, was ein *folly* ist? Das Wort bedeutet so viel wie Narretei, bezeichnet im Bereich der Architektur aber auch eine Struktur, die so tut als ob, aber eigentlich nicht ist. Das Severndroog Castle (per Bus ca. 25 Minuten von Eltham Palace) ist ein klassisches *folly*: Die Burg ist trotz entsprechender architektonischer Elemente keine Burg, sondern ein Turm, der 1874 im Andenken an einen Marineoffizier von dessen Witwe auf einem Hügel in einem über 8000 Jahre alten Laubwald erbaut wurde. Seine Aussichtsplattform bietet eine spektakuläre 360°-Aussicht auf London und mehr: An klaren Tagen kann man mit dem Fernglas bis Windsor sehen. Die Eltham-Bewohner lieben ihre »Burg« – und den kleinen Tea Room im Erdgeschoss. Setzen Sie sich dazu!

MEHR INFORMATIONEN

www.english-heritage.org.uk/visit/places/eltham-palace-and-gardens/
www.facebook.com/severndroog
www.severndroogcastle.org.uk

← Hinter diesen Mauern verbarg sich in den 1930er-Jahren ein Haus mit den neuesten technischen Innovationen der Zeit.
↑ Auf eine Tasse Tee in einer Burg, die keine ist

34

HORNIMAN MUSEUM & GARDENS

BLICK IN DIE WELT

Nicht wenige Londoner Museen gehen auf die Sammlungen von Privatleuten zurück, die ihre Schätze der Öffentlichkeit zugänglich machen wollten. In der Südlondoner Wohngegend Forest Hill gibt das Horniman Museum mit seinen anthropologischen Kuriositäten hierfür ein besonders eklektisches Beispiel.

Die Anlage mit einem sechs Hektar großen Garten und Extras von Tiergehege über Aquarium bis Schmetterlingshaus ist gleichzeitig ein Kinderparadies, in dem die Fantasie angeregt wird und neugierige Menschen begeistert sein werden. Gegründet wurde das Museum von dem viktorianischen Teehändler Frederick Horniman (1835–1906), der als junger Mann damit begann, auf seinen Reisen Objekte zu sammeln, »um die Welt nach Forest Hill zu bringen«. 1890 gründete er in der Residenz seiner Familie das Surrey House Museum, in dem er seine Sammlung zur Naturgeschichte, kulturelle Artefakte und Musikinstrumente der Öffentlichkeit zugänglich machte. Nach dem Umzug in ein dafür in Auftrag gegebenes Museumsgebäude im britischen Art-nouveau-Stil wurde 1901 all dies nebst originellem Uhrenturm zum Horniman Museum.

Ein Museum über und für Menschen

In den kostenlosen Ausstellungsräumen und dem schönen Garten kann man problemlos mehrere Stunden verbringen. Für Kinder – wie auch Erwachsene – werden regelmäßig von den Museumsthemen inspirierte Aktivitäten angeboten. In der fantastischen World Gallery lernen Besucher Kulturen aller Kontinente kennen, ganz ohne Museumsduktus, sondern menschlich und sehr zugänglich. Anhand von mehr als 3000 Objekten der Anthropologie-Sammlung lernt man das Alltagsleben von Menschen vieler Kulturen kennen. Es geht um aktuelle Themen wie Klimawandel und Migration, man staunt über Kunsthandwerk und Objekte aus alten Zivilisationen, und anschließend ist der Blick auf die Welt im besten Sinne ein anderer. Nicht weniger eindrucksvoll ist die Kollektion von Musikinstrumenten, eine der größten in Großbritannien, die das Musizieren in aller Welt präsentiert. Von jahrtausendealten Objekten zum Erzeugen von Klängen, wie Knochenklöppel in Form menschlicher Hände aus dem alten Ägypten bis zur E-Gitarre ist alles dabei. Genauso umfangreich und vielfältig sind die Ausstellungsstücke im dritten Themenbereich Naturkunde mit zoologischen, geologischen und botanischen Objekten, die von der Mitte des 19. Jahrhunderts bis zum Anfang des 21. Jahrhunderts zusammengetragen wurden. Unbestrittener Star in dieser Galerie: Das Horniman-Walross, das der Museumsgründer 1868 erwarb. Egal, welches der Museumsthemen das persönliche Interesse am meisten trifft, man kann dem viktorianischen Teehändler für seine Sammelleidenschaft dankbar sein – und die fortdauernde Beliebtheit seines Museums im 21. Jahrhundert zeigt, wie richtig er mit seiner Idee lag, die Welt nach Südlondon zu bringen.

← Zoologisches, Geologisches und Botanisches im naturkundlichen Bereich des Museums
↓ Dulwich Village ist eine beliebte und teure Wohngegend im Londoner Süden.

INFO

ERST KURIOSITÄTENKABINETT, DANN REMBRANDT, CANALETTO UND CO.

Knapp 30 Minuten zu Fuß gen Nordwesten hat die Dulwich Picture Gallery erst mal wenig mit dem Horniman Museum gemein, aber auch hier wurde eine private Kollektion der Öffentlichkeit zugänglich gemacht. Die hier zu sehende Top-Sammlung Alter Meister geht auf zwei Londoner Kunsthändler zurück, die 1790 im Auftrag des Königs von Polen Meisterwerke zusammentrugen. Diese gelangten nach dessen Abdankung nie nach Polen, fanden ihren Weg aber in das wohlhabende Dulwich Village, wo das Museum 1817 als weltweit erste öffentliche Kunstgalerie in einem speziell dafür errichteten Bau eröffnet wurde. Den Architekten kennen wir bereits: Sir John Soane (s. Kap. 1) hat mit seinem Entwurf eines Gebäudes mit Oberlichtern für natürliches Licht die Gestaltung von Kunstgalerien bis heute beeinflusst. Besuchen Sie unbedingt auch das hübsche Dulwich Village!

MEHR INFORMATIONEN

www.dulwichpicturegallery.org.uk

35

BRIXTON VILLAGE

KULINARISCHE WELTREISE IN SÜDLONDON

Im Stadtteil Brixton am südlichen Ende der Victoria Line treffen sich Londoner in alten Marktarkaden zum Essen und Trinken. Das Brixton Village, in dem die ganze Welt kulinarisch zusammenkommt, verkörpert die Diversität der Themse-Metropole auf die bestmögliche Art.

Brixton ist typisch London. Der einstige viktorianische Vorort wurde im Lauf der Jahrzehnte von der Stadt einverleibt. Nach dem Zweiten Weltkrieg ließen sich viele Einwanderer, vor allem von den Westindischen Inseln, in Brixton nieder und prägen seither die Kultur und Vielfalt des Viertels, dessen Herz in einem Markt direkt neben der Tube-Station schlägt. Den Brixton Market gibt es bereits seit Ende des 19. Jahrhunderts. Rund um

Electric Avenue und Coldharbour Lane überspannen drei Arkaden einen zentralen Straßenmarkt für Lebensmittel auf der Electric Avenue. Die von Eddy Grant im gleichnamigen 1980er-Jahre-Hit besungene Straße wurde 1888 angelegt und verdankt ihren Namen der Tatsache, dass sie zu diesem Zeitpunkt die erste Marktstraße war, die mit elektrischem Licht beleuchtet wurde.

Anfang des 21. Jahrhunderts ging für die alten Arkaden, die langsam vor sich hin verfielen, beinahe das Licht aus – bis eine lokale Initiative sich daranmachte, dem Markt neues Leben einzuhauchen. Mit großem Erfolg: Seit Anfang der 2010er-Jahre ist Brixton Village in der Granville Arcade an der Coldharbour Lane und Market Row Arkade, die parallel zur Electric Avenue verläuft, eine Top-Destination für Londoner Foodies und ein beliebter Ort zum Ausgehen. Hier kann man sich problemlos um die Welt essen. Italienisch, südamerikanisch, karibisch, äthiopisch, Thai Food, chinesisch, japanisch, Backwaren aller Art, Eis und Süßes, Burger, Craft Beer – alles da und noch viel mehr.

Entspannt schlemmen in alten Arkaden

Das kulinarische Brixton-Village-Erlebnis macht einfach Spaß. Die Atmosphäre ist informell und ungezwungen, man isst in Mini-Restaurants, oft in Budengröße mit ein paar Bierbänken und kleinen Tischen, oder einfach auf die Hand. Wer fein speisen möchte, ist hier fehl am Platz, wer auf kulinarische Entdeckungsreise gehen möchte, dafür genau richtig. Shoppen kann man übrigens auch, denn Brixton Village ist voller kleiner Läden lokaler Händler, und das Angebot ist genauso multikulti wie das Essen. Vintage Mode, chinesische Kräutermedizin, religiöse Artefakte aus Haiti, handgefertigter Schmuck, Kunsthandwerk, traditionelle afrikanische Kleidung – die Produktpalette ist bunt und vielfältig – wie Brixton.

Schlendern Sie vor oder nach der ausgiebigen Erkundung der überdachten Arkaden auch über den Lebensmittelmarkt für Obst, Gemüse, Fleisch und Fisch auf der Electric Avenue. Hier gibt es hauptsächlich afrikanische und karibische Produkte, aber auch viel Asiatisches. Und Fans von David Bowie, der 1947 als David Robert Jones in Brixton geboren wurde, werden nicht um den kurzen Spaziergang zur Tunstall Road herumkommen. Dort erinnert ein großes Streetart-Wandgemälde an den 2016 in New York verstorbenen Künstler, der mit rund 140 Millionen verkauften Tonträgern zu den erfolgreichsten Musikern der Popmusik avancierte.

INFO

KINO MIT MUSIKEINLAGE

Lust auf Kino? In Brixton gibt es ein besonders Schönes: Das Ritzy ist eine Südlondoner Institution und empfängt bereits seit 1911 Filmfreunde in einem heute denkmalgeschützten Gebäude. Abgesehen von Blockbustern und Indie-Filmen gibt es hier aber noch mehr. Neben einer Bar im Untergeschoss bietet der Veranstaltungsort Upstairs at the Ritzy eine abwechslungsreiche Mischung an Livemusik und Clubabenden. Dienstags steht beispielsweise eine Jazz-Jamsession auf dem Programm, und einmal im Monat legen DJs Soul auf. Wer neugierig auf Südlondons Musik- und Kunstszene ist, kann bei den »Laid-Bare-Abenden« reinschauen, die jungen lokalen Musikern und Sängern eine Plattform bieten.

MEHR INFORMATIONEN

www.brixtonvillage.com
www.picturehouses.com/cinema/the-ritzy

← Bunte Mischung aus kleinen Restaurants und Geschäften: Brixton Village macht Spaß.
↑ Die dekorative Ritzy-Fassade wurde Mitte der 1990er-Jahre originalgetreu restauriert.

Shadwell Basin: einst Teil der London Docks am Hafenbecken, heute Wohn- und Freizeitgebiet

OSTEN

Stadtursprünge, typisch Londoner Geschichten, Streetart und ein Design-Multitalent

36

CITY OF LONDON

AUF DEN SPUREN DER RÖMER

Von 43 n. Chr. bis ins frühe 5. Jahrhundert war die Provinz Britannien Teil des Römischen Reiches. Die heutige Millionenstadt London entstand aus der Siedlung Londinium. Römische Vermächtnisse verschmelzen an deren Standort, der heutigen City of London, so mit ihrer Umgebung, dass sie im Alltag kaum wahrgenommen werden. Die Spurensuche lohnt sich.

Man kann davon ausgehen, dass die Mehrheit der in London lebenden Menschen nicht weiß, dass Straßennamen wie Aldgate oder Ludgate auf die Stadttore in der von den Römern erbauten Stadtmauer zurückgehen. Diese hat in Fragmenten überlebt, die man – genau wie andere römische »Überbleibsel« – in der heutigen City of London finden kann. Dort hatten die Römer zwischen 47 und 50 n. Chr. am Nordufer der Themse die Siedlung Londinium gegründet, die zu ihrer Blütezeit fast die gleiche Größe hatte wie die moderne City of London. Heute schlägt hier das finanzielle Herz Londons, das vom Fluss im Süden, dem Barbican Centre im Norden, der Chancery Lane im Westen und der Liverpool Street im Osten begrenzt wird. Die City hat seit den Zeiten von Wilhelm dem Eroberer (1027/1028–1087) einen Sonderstatus und noch heute eine separate Verwaltung mit ihrem eigenen Bürgermeister, dem Lord Mayor. Wenn Londoner von »the City« sprechen, meinen sie diese Stadt innerhalb der Stadt, während der Rest schlicht »London« ist.

Im 2. Jahrhundert n. Chr. war Londinium mit 45 000 bis 60 000 Bewohnern die größte Stadt Britanniens. Ein komplexes Straßennetz verband sie mit dem Rest der römischen Provinz, und es war alles vorhanden, was eine römische Metropole auszeichnete, einschließlich Amphitheater, Tempel und Badehäuser sowie am heutigen Standort des Leadenhall Market ein Forum mit einer der größten Basiliken im Römischen Reich nördlich der Alpen. Und: Zwischen 190 und 225 n. Chr. wurde mit einer Verteidigungsmauer ein Glanzstück römischer Baukunst errichtet, dessen Überreste zentrale Punkte auf einem Ausflug in die römische Vergangenheit Londons darstellen.

Londoner Pragmatismus rettet römische Mauer

Die rund vier Kilometer lange London Wall begrenzte ungefähr das Gebiet der City of London in ihrer damaligen Gestalt. Für das gewaltige Unternehmen wurden mehr als eine Million Lehmstein-Blöcke aus Kent von der Küste die Themse hinauftransportiert. Das fertige Bauwerk war etwa sechs Meter hoch und 2,5 Meter dick, hatte 22 Bastionen und um die Außenmauer einen Graben, der zwei Meter tief und drei bis fünf Meter breit war.

Nachdem die Römer im Jahr 410 n. Chr. die Insel verlassen hatten und Londinium bis zur Wiederbelebung durch Alfred den Großen (848/849–899) in Ruinen lag, erlebte die Mauer ein wechselhaftes Schicksal. Ab dem 17. Jahrhundert begann sie zu verschwinden, und im 19. Jahrhundert war nur noch sehr wenig von ihr sichtbar. Fragmente hatten aber dennoch in versteckter Form überlebt, da Mauerteile in neue Bauten integriert worden waren. Generationen von

→ In der City ist Londons Gegenwart aus Stahl und Glas dem mittelalterlichen Tower dicht auf die Pelle gerückt.

ENTRY TO THE TRAITORS' GATE

← Modernes Hotel, uralte Mauer: Beim Leonardo Hotel versteckt sich ein Überrest des römischen Bauwerks.
↙ Es grüßt der Kaiser: römische Stadtmauerreste an der Tower Hill Station
↘ Ein weiteres Stück römische Stadtmauer rahmt die Salter Gardens ein.

Bauherren und Entwicklern hatten die robusten Mauern einfach für ihre Projekte genutzt. Das sparte Zeit und Kosten. Pragmatismus wurde in London schon immer großgeschrieben. Was aus heutiger Sicht wie kultureller Vandalismus anmutet, erwies sich als Rettung für einige Teile der römischen Mauer. Denn trotz der Überbauung hatten diese mitunter recht großen Abschnitte des beeindruckenden Mauerwerks überlebt, bis die Londoner ab Mitte des 19. Jahrhunderts die Relikte vergangener Zeiten mehr zu schätzen wussten und begannen sie zu schützen.

Mauerreste über und unter der Erde

Ein besonders prächtiges frei stehendes Stück der römischen Mauer findet sich im Garten bei der Tower Hill Station in Richtung DRL-Station. Hier strömen täglich Tausende von Menschen in und aus der Tube, ohne eines der höchsten erhaltenen Mauerfragmente wahrzunehmen, vor das eine Statue des Kaisers Trajan platziert wurde. Der römische Teil am Fuß bis zu einer Höhe von etwa vier Metern ist deutlich sichtbar und an den Reihen roter Ziegelsteine, die typischerweise in römischen Mauern zu finden sind, gut erkennbar. Der Rest des Mauerwerks bis auf etwa zehn Meter Höhe wurde im Mittelalter dazugebaut. Nur wenige Schritte weiter nördlich versteckt sich entlang der Cooper's Row das nächste Stück Mauer hinter dem Leonardo Hotel: Einfach am Eingang vorbei durch den Innenhof und voilà, auch hier ist der römische Teil aus Lehmstein deutlich unterhalb der mittelalterlichen Struktur mit ihren Schießscharten zu sehen.

Nicht nur die Stadtmauer, sondern auch Fundamente einer der römischen Bastionen können ein paar Minuten weiter nördlich in der 2023 eröffneten kostenlosen Ausstellung »City Wall at Vine Street« besichtigt werden. Die Mauer wurde bereits 1979 im Keller eines Bürogebäudes bzw. früheren viktorianischen Lagerhauses entdeckt und unter Denkmalschutz gestellt, zugänglich war sie jedoch nicht. Im Rahmen der Umgestaltung des Gebäudes in ein Studentenwohnheim hat dieses Stück römische Mauer nun das Licht der Welt erblickt und wurde in den modernen Bau integriert. Archäologische Funde von der Baustelle bereichern das Mini-Museum – und beim Anblick des Abdrucks einer Katzenpfote auf einer Fliese ist das alte Londinium plötzlich ganz nah.

Ebenso wenn man weiter nordwestlich die nach der Mauer benannte Straße London Wall entlanggeht. Dort kann man im Salters Garden mit einem Stück Mauer im Rücken eine Lunchpause machen und abenteuerlustige urbane Entdecker finden. Im London Wall Underground Car Park unweit des Barbican existiert ein unterirdischer Mauerrest, der 1957 bei Bauarbeiten entdeckt wurde und heute für jeden frei (hinter Glas) zu besichtigen ist – sofern man seinen Weg ins Parkhaus und dann bis zur Parkbucht 52 findet.

INFO

VON BADEHAUS BIS AMPHITHEATER

Mehr römisches London? Kein Problem: All Hallows-by-the-Tower, eine der faszinierendsten Londoner Kirchen mit einer Geschichte, die bis ins 7. Jahrhundert n. Chr. zurückreicht, beherbergt ein fantastisches 3D-Modell von Londinium aus dem Jahr 1928. Ein Stück römisches Mosaikpflaster, vermutlich der Fußboden eines Wohnhauses, gibt es im Untergeschoss der Kirche obendrauf. Wenige Minuten westlich davon versteckt sich im Keller eines Bürogebäudes ein römisches Bad (Billingsgate Roman House and Baths, geführte Touren). Zehn Minuten weiter in Richtung Nordwesten wurde in den 1950er-Jahren bei Umbauarbeiten ein Mithras-Tempel freigelegt. Heute befindet sich hier der europäische Hauptsitz des Medienkonzerns Bloomberg, der Interessierte für Besichtigungen willkommen heißt (gratis). Und das bereits erwähnte Amphitheater wurde 1988 bei Bauarbeiten für die wenige Minuten nördlich gelegene Guildhall Art Gallery entdeckt und kann im Rahmen eines (kostenlosen) Besuchs der Galerie besichtigt werden.

WEITERE INFORMATIONEN

www.citywallvinestreet.org
www.ahbtt.org.uk
www.thecityofldn.com/directory/billingsgate-roman-house-and-baths/
www.londonmithraeum
www.cityoflondon.gov.uk/things-to-do/attractions-museums-entertainment/guildhall-art-gallery

Kirchen als Geschichtsbücher: All Hallows-by-the-Tower ist ein Paradebeispiel dieser Londoner Spezies.

37

THE CHARTERHOUSE

LONDONER GESCHICHTENERZÄHLER

Warum drängen sich Menschenmassen vor dem grauen Kasten Buckingham Palast, wo es wenig zu sehen gibt, während ein Ort wie das Charterhouse am Nordrand der City vor sich hinschlummert? Dabei hat der Gebäudekomplex aus dem 14. Jahrhundert so viele Geschichten zu erzählen, die Londons Vergangenheit lebendig werden lassen.

Die historische Fülle dieses Zeitreise-Orts am Charterhouse Square hat mit seinen verschiedene Identitäten im Lauf der Jahrhunderte zu tun – von Pestfriedhof über Kloster und Tudor-Herrenhaus bis hin zu Schule und *almshouse*. Letztere Funktion als ein Altersheim für finanziell Bedürftige erfüllt das Charterhouse auch heute noch. Aber der Reihe nach: Als Europa zwischen 1347 und 1351 von der Pest heimgesucht wurde, mietete der Ritter Sir Walter Manny im Jahr 1348 das Stück Land, auf dem sich heute das Charterhouse befindet, als Begräbnisstätte für Pesttote an. 2013 wurden bei Ausgrabungen unter dem Charterhouse Square 25 Skelette geborgen, eines davon ist heute im Museum des Charterhouse zu sehen. Insgesamt sollen 10 000 Pestopfer unter dem Charterhouse Square begraben sein.

Vom Kloster zu höfischer Pracht

Ab dem Jahr 1371 folgte mit der Gründung und der Errichtung einer Kartause die Klosterphase des Charterhouse, auf die der heutige Name der Anlage zurückgeht. Kartäuserkloster werden im Englischen als Charterhouse bezeichnet – eine Anglisierung von La Grande Chartreuse, dem Hauptkloster des Ordens bei Grenoble. Bis ins 16. Jahrhundert lebten 25 Mönche spartanisch in einfachen Zellen, die um einen Kreuzgang angeordnet waren.

Das friedliche Klosterleben nahm zu Zeiten der englischen Reformation in der ersten Hälfte des 16. Jahrhunderts mit der Auflösung der englischen Klöster durch den berühmt-berüchtigten König Heinrich VIII. sein Ende. In der nächsten Inkarnation wurde das Charterhouse ab 1545 zu einem Herrenhaus im Tudorstil mit einem umschlossenen Innenhof umgestaltet. Sein neuer Besitzer, ein hochrangiger Politiker am Tudorhof, ließ eine Great Hall sowie eine prachtvolle Great Chamber errichten, in der sich Elisabeth I. (1533–1603) mit ihren Beratern traf, um ihre Krönung vorzubereiten. 1564 erwarb der vierte Duke of Norfolk das Anwesen, der den herrlichen alten Kreuzgang als Zugangsweg zu seinem Tennisplatz überdachen ließ. 1611 kaufte schließlich der wohlhabende Geschäftsmann Thomas Sutton das Gelände und finanzierte das heutige *almshouse*, eine Schule sowie eine Kapelle.

Die Charterhouse School, eine der renommiertesten Privatschulen des Landes, zog im 19. Jahrhundert nach Surrey um. Geblieben ist das Altersheim, das offiziell unter dem Namen Sutton's Hospital in Charterhouse als eine gemeinnützige Einrichtung registriert ist und in dem 40 Bewohner leben, die in Erinnerung an die klösterliche Vergangenheit *Brothers* genannt werden (aber auch weiblich sind). Das Museum, das durch die Geschichte des Charterhouse führt, und die Kapelle sind für Besucher frei zugänglich. Die gesamte Anlage mit ihren Gärten und der Great Chamber kann im Rahmen von Touren besichtigt werden, die zum Teil von den *Brothers* selbst geführt werden.

← Am Nordende des Charterhouse Square lädt dieser Gebäudekomplex zu historischen Erkundungen ein.
↓ Typisch London: Die Barbican-Betonwelt wird mit üppigem Grün belebt.

INFO

INSPIRIERENDE BETONWÜSTE
London ist immer gut für Kontrastprogramme. Wenige Fußminuten östlich der historischen Charterhouse-Welt konfrontiert die Stadt Besucher mit einem Paradebeispiel brutalistischer Architektur: Das Barbican Kultur- und Wohnzentrum wurde nach der heftigen Zerstörung der Stadt im Zweiten Weltkrieg in den 1960er-Jahren gebaut. Die Apartments in dem labyrinthischen Komplex sind extrem beliebt, egal, wie abschreckend die Anlage für manche aussehen möchte. Für Besucher am wichtigsten ist das Barbican Arts Centre, Europas größtes Kultur- und Veranstaltungszentrum und das Zuhause des London Symphony Orchestra. Mit zwei Konzerthallen, einem Kino, einem fantastischen Innenstadtdschungel in einem Gewächshaus und Galerien gibt es im Barbican immer irgendwas zu sehen oder zu hören. Eine Entdeckungstour lohnt sich unbedingt.

MEHR INFORMATIONEN
www.thecharterhouse.org
www.barbican.org.uk

38

WILTON'S MUSIC HALL

WO CHAMPAGNER-CHARLIE SANG

Im East End hat unweit des Tower of London eine der ältesten Music Halls der Welt überlebt. Wer den Weg zur Wilton's Music Hall findet, kann sich ihrem bröckeligen Charme kaum entziehen.

Außergewöhnliches Gebäude, einzigartige Atmosphäre – für die Wilton's Music Hall muss man abgenutzte Adjektive bemühen. Sie versteckt sich in einer kleinen Gasse in Whitechapel, die wenig einladend aussieht, und ist Londons ältestes Beispiel einer typisch britischen Gattung: Music Halls waren Veranstaltungsstätten, die ein Bühnenprogramm für das Publikum mit Restaurant, Bar und der Möglichkeit zum Tanzen verknüpften. Ihre Blütezeit hatten sie zwischen 1850 und dem Ersten Weltkrieg. Die Geschichte der Wiltons Music Hall reicht aber noch weiter zurück.

Tanz, Theater und Gesang

Das heutige Gebäude basiert auf fünf Häusern aus dem späten 17. Jahrhundert, die im 19. Jahrhundert schließlich zusammengelegt wurden. Das größte Gebäude war bereits seit der ersten Hälfte des 18. Jahrhunderts ein *ale house*, in dem sich skandinavische Seefahrer und Kaufleute gerne auf ein Bier trafen. Ab dem Jahr 1826 war die Kneipe als Mahogany Bar bekannt, hinter die 1839 ein Konzertsaal gebaut wurde. 1850 trat der Namensgeber John Wilton auf die Bühne, als er den Komplex erwarb und den Konzertsaal 1859 mit seiner Magnificent New Music Hall ersetzte, die mit zahlreichen Spiegeln, Kronleuchtern und Wandgemälden ausgestattet wurde. Das Programm war bunt, und zu den Stars des Wilton's gehörte unter anderem ein Unterhaltungskünstler mit dem schönen Namen »Champagne Charlie«. 1877 brannte die Music Hall fast komplett nieder. Nach dem Wiederaufbau im ursprünglichen Design ging es noch ein paar Jahre weiter. 1881 war dann aber erst mal Schluss mit Tanz, Theater und Gesang.

Ab 1888 zog die East London Methodist Mission hier ein und nutzte die Räumlichkeiten fast 70 Jahre lang für ihre sozialen Aktivitäten zur Unterstützung der lokalen Community. Anfang der 1960er-Jahre sah es kurz so aus, als würde die Wilton's Music Hall im Rahmen einer großflächigen städtebaulichen Entwicklungsmaßnahme zur Slum-Sanierung abgerissen. Eine von einem Theaterhistoriker initiierte Initiative warf sich zum Glück in die Bresche, und das Gebäude konnte gerettet werden. In den Folgejahrzehnten gab es immer wieder Versuche, die viktorianische Music Hall, die inzwischen unter Denkmalschutz stand, vor dem Verfall zu bewahren. Eine erste Phase dringender Reparaturen wurde 1982 abgeschlossen, und Kunst und Kultur zogen wieder in die alten Mauern ein. Es dauerte allerdings bis zum Jahr 2015, bevor die Music Hall nach einem dreijährigen Großprojekt wieder Besucher in ihrem herrlichen Auditorium mit verzierten Balkonen und gewundenen Säulen begrüßen konnte.

Das Schönste ist, dass die Wilton's Music Hall trotz ihrer Renovierung weiterhin genauso alt aussieht, wie sie ist, mit frei liegenden Ziegeln und offenem Putz, der die Wände nur halb bedeckt. Auf dem Programm stehen heute neben eigenen Theater- und Musicalproduktionen auch Konzerte und andere Veranstaltungen. Wer kein Ticket erworben hat bzw. auf dem Programm nichts Passendes findet, kann den bröckeligen Charme der Hall in der alten Mahogangy Bar bei einem Drink genießen.

INFO

WEGWEISER FÜR ZEITGENÖSSISCHE KUNST

Die Whitechapel High Street ist eine typische Straße im Londoner East End, der alten Arbeitergegend der Stadt. Einen Schönheitspreis gewinnt sie nicht. Ein Ort fiel hier aber schon immer ins Auge: Die Whitechapel Art Gallery in einem von Zinnen gekrönten Gebäude, das als herausragendes Beispiel der britischen Version des Art nouveau gilt. Dieses Top-Museum für zeitgenössische Kunst ist seit seiner Gründung bahnbrechend: 1939 wurde hier zum ersten und einzigen Mal Picassos »Guernica« gezeigt. Die abstrakte Kunst von Jackson Pollock hatte 1985 im Londoner East ihre UK-Premiere, genau wie die Werke von Mark Rothko drei Jahre später. Als Ausstellungsort gehört die Whitechapel Gallery zu den schönsten Räumen für Kunst in London, mit hohen Decken, eleganten Säulen, Parkettböden und natürlichem Licht. Lohnt sich!

MEHR INFORMATIONEN

www.wiltons.org.uk
www.whitechapelgallery.org

← Die Wilton's Music Hall bezaubert mit rauem Charme.
↑ Werfen Sie auf der Whitechapel-Gallery-Website einen Blick auf die monatlichen »First Thursdays«-Ausstellungsempfehlungen im East End.

39

WAPPING

EINE KLASSISCHE LONDONER GESCHICHTE

Londons ältestes Pub in Uferlage, eine Hinrichtungsstätte für Piraten und moderne Wohntürme – in der alten Hafengegend Wapping am Nordufer der Themse trifft Vergangenheit auf Gegenwart. Bei einem Uferspaziergang auf dem Themsepfad mit Abstechern landeinwärts erschließt sich ein maritimer East-End-Stadtteil, der nur selten auf der Touristenroute liegt.

Die Entwicklung Wappings östlich der City ist eine klassische Londoner Geschichte von Auf und Ab. Das heute sanierte Hafengebiet mit Wohnhochhäusern, Apartments in umgebauten Lagerhäusern und historischen Pubs an der Themse hat eine jahrhundertelange maritime Geschichte. Hier lebten Seeleute und Bootsbauer an der Themse in einem Dorf, das mit dem Bau der London Docks zu einem der geschäftigsten Häfen der Stadt wurde.

Im späten 18. Jahrhundert war der Bau einer sicheren, geschlossenen Hafenanlage nötig geworden, da die Kaianlagen am Themseufer der vielen Schiffe nicht mehr Herr werden konnten. London als Handelshafen, zu jener Zeit einer der größten der Welt, war zu erfolgreich geworden. 1805 wurden die London Docks als eine von mehreren Hafenanlagen eröffnet. Sie waren durch drei Becken –Wapping Basin, Hermitage Basin und Shadwell Basin – mit der Themse verbunden. Die beiden Letzteren sind noch erhalten. Zu den wichtigsten Waren, die in den London Docks umgeschlagen wurden, gehörten Wolle und Tabak. Das denkmalgeschützte Tobacco Dock Lagerhaus im nördlichen Teil von Wapping erinnert noch heute daran.

Von der Hafenanlage zum Wohnviertel

So erfolgreich die London Docks waren, das Leben in Wapping änderten sie gewaltig. Viele Häuser wurden mit dem Bau der Anlage und der Errichtung riesiger Lagerhäuser am Themseufer abgetragen. Der Stadtteil fand sich isoliert vom Rest der Stadt wieder, eingeschlossen von den Dockmauern und Lagerhäusern. Nach den Zerstörungen des Zweiten Weltkriegs und dem Niedergang der Docks nach der Schließung des Londoner Hafens war diese Ecke in den 1980er-Jahren ziemlich am Ende.

In den Folgejahren wurde die riesige Industriebrache Docklands zu einem neuen Stadtteil entwickelt, zu dem östlich von Wapping unter anderem das Finanzzentrum Canary Wharf gehört. Auch in Wapping entstanden schicke Wohnungen, Restaurants und Bars. Die grausige Vergangenheit des Wapping-Ufers, wo an der Hinrichtungsstelle Execution Dock bis 1830 400 Jahre lang Piraten und andere Kriminelle erhängt wurden, scheint weit weg zu sein.

Wenn es da nicht eine Nachbildung des alten Galgens am Ufer der Themse beim Prospect of Whitby Pub gäbe. Dieser Londoner Liebling nimmt für sich in Anspruch, das älteste Pub in Themselage zu sein, das angeblich bis auf das Jahr 1520 zurückgeht. Nach einem Brand wurde das Gebäude Anfang des 19. Jahrhunderts wiederaufgebaut, und hier einen Drink mit Blick auf die Themse (und den Galgen) einzunehmen, ist ein ganz und gar Londoner Moment. Alternativ liegt wenige Meter westlich das nicht weniger atmosphärische Town of Ramsgate. Wer noch näher an die Themse will, findet bei beiden Pubs Stufen zum Uferbereich, der bei Ebbe ein beliebter Spot für die schatzsuchenden *mudlarks* (s. Kap. 29) ist.

INFO

WAPPING-SPAZIERGANG

Auch wenn das Themseufer Wappings Hauptanziehungspunkt ist, sollte man auch die hinteren Straßen erkunden. Am besten startet man beim Hermitage Riverside Memorial Garden im Westen des Stadtteils in Richtung des alten Hermitage Basin und schlendert dann entlang eines Kanals, der früher ein breiter Wasserweg war, um Schiffen Zugang zum Tobacco Dock und dem Shadwell Basin zu geben. Hier bekommt man einen guten Eindruck davon, wie die Stadtplaner bei der Neugestaltung der Docks versucht haben, deren ursprüngliches Aussehen zu erhalten. Besondere Fotogelegenheit: Durch die Skulptur »Wapping Knot« gelingt ein Schnappschuss von der Spitze des Shard am anderen Themseufer, die durch die Mitte des Knotens spitzelt.

MEHR INFORMATIONEN

www.facebook.com/wappingdocklandsmarket
www.museumoflondon.org.uk/museum-london-docklands
www.greeneking.co.uk/pubs/greater-london/prospect-of-whitby
www.townofRamsgate.pub

← Maritimer Spaziergang in Wapping – auch hier ist der Shard immer im Blick.
↑ Feierabend-Drink an der Themse in einem East-End-Klassiker

40

SHOREDITCH

STREETART-BÜHNE IM OSTEN

Bambi, Stik, C215, Pure Evil, Mr Cenz, oder wie wäre es mit Invader? Weder Rapper noch Märchenfiguren verbergen sich hinter diesen Namen, sondern einige der international angesehensten Streetart-Vertreter. Wer ihre Werke sehen möchte, sollte sich in Shoreditch und Umgebung umschauen.

Seit dem Ende des 20. Jahrhunderts hat das East End südlich der Old Street und rund um die Shoreditch High Street und Brick Lane eine Renaissance erlebt. Die vormals dunkle Welt jenseits von Bishopsgate und Liverpool Street, die lange für Bandenkriege, düstere Fabriken, schmuddelige Slums und Hafendocks stand, wurde von Kreativschaffenden und Hipstern erobert und hat sich in den letzten Jahrzehnten auch zu Londons Zentrum für Streetart entwickelt. Die Straßenzüge sind weltweit anerkannt als spirituelle Heimat einer Szene, die für originelle und subversive Perspektiven steht – perfekt für einen Sightseeing-Trip der anderen Art. Dafür kann man sich entweder einer geführten Streetart-Tour anschließen oder sich online eine passende Streetart-Karte ergooglen und dieser anschließend folgen. Oder man zieht einfach drauf los und hält die Augen offen, denn es ist unmöglich, in Shoreditch und seinem nahtlos anschließenden südlichen Nachbarn Spitalfields die Unmengen an Beispielen für die verschiedenen Streetart-Stile zu verpassen. Riesige Wandgemälde (Murals), Sticker und Schablonensprühwerke (Stencils) bedecken die Fassaden, Türen und Schaufenster der Gebäude. Und wer jetzt an gedankenlose Graffitischmierereien denkt, liegt falsch. Londoner Streetart ist witzig, sozialkritisch, provokant und künstlerisch wertvoll.

← Londoner Streetart: Riesenkranich von Roa auf der Hanbury Street

Spielfläche für internationale Streetartists

Da Streetart ständigen Veränderungen unterworfen ist, weiß man nie, was man gerade vorfinden wird, und es macht wenig Sinn, spezifische Motive zu empfehlen, die morgen vielleicht schon verschwunden sein könnten. Sehr wohl gibt es aber bestimmte Ecken und Straßen, die besonders streetartlastig sind, und einige Künstlerinnen und Künstler, nach denen man Ausschau halten kann. Dazu gehören beispielsweise Werke des Briten Jonesy, ein Umweltaktivist, der kleine Bronzeskulpturen auf die Spitze von Laternenpfählen setzt, die großen Murals des belgischen Streetart-Stars Roa, Dachinstallationen des Deutschen Ronzo, die bunten Riesenbuchstaben des britischen Streetart-Stars Ben Eine, die Stencils von Bambi, die als »weiblicher Banksy« bekannt ist, oder die bunten Brokkoli-Dekorationen des Broccoli Man Adrian Boswell.

Ein guter Startpunkt für einen Streetart-Bummel ist die Brick Lane von Süden nach Norden. Das Zentrum der Bengali-Gemeinde Londons ist mit ihren Seitenstraßen wie Fashion Street, Hanbury Street oder dem Seven Stars Yard ein Liebling der Streetart-Szene der Stadt, die übrigens extrem international ist, mit Künstlern aus aller Welt, die hier ihre kreative Botschaft präsentieren möchten. Eine weitere Besonderheit der Londoner Szene: Anfang der 2000er-Jahre, als der Streetart-Boom in Osten Londons so richtig losging, entstand hier zum ersten Mal ein kommerzielles Umfeld für diese Kunstform.

Banksy: Wo alles begann

Bis dato konnte man mit dem illegalen Sprühen, Pinseln und Kleben auf Mauern, Hauswände oder Türen kein Geld verdienen. Das änderte sich in Shoreditch, denn hier wurde mit der Geburt der Szene auch direkt eine kommerzielle Infrastruktur etabliert, wie zum Beispiel ein Studio, wo Streetartists Drucke zum Verkauf herstellen konnten. Ein Mann, der an dieser Unternehmung beteiligt gewesen sein soll, ist inzwischen ein absoluter Superstar: Banksy, der weltweit bekannteste Streetartist, der seine Identität hartnäckig geheim hält, trat von London aus seinen globalen Siegeszug an und machte die Kunstform salonfähig und lukrativ. Es gibt viele Spekulationen, wer sich hinter dem Namen verbirgt. Sicher ist, dass das Versteckspiel genauso zu Banksy gehört wie sein unnachahmlicher Stil.

Als brillanter Satiriker legt er mit seinen Stencils den Finger in die Wunde. Gesellschaft, Politik, Obrigkeit – er nimmt alles aufs Korn, mit viel Humor und gleichzeitig gnadenlos und auf den Punkt. Nordwestlich der Brick Lane sind im Innenhof des Cargo Clubs auf der Rivington Street zwei seiner Werke, inzwischen geschützt von Plexiglas, zu sehen. Der zweite Name, der im Zusammenhang mit dem Aufkommen der Streetart-Kultur in London eine Rolle spielt, ist D*Face. Mit seinen Werken hat er Streetart nicht nur geprägt. Mit dem Outside Institute (heute: Stolen Space Gallery) eröffnete er als Erster 2006 auch eine Galerie nur für Streetart und bot somit anderen Künstlern eine wichtige Plattform.

Zurück auf die Straße, wo nördlich der Brick Lane in Richtung Shoreditch High Street, Corbet Place, Grey Eagle Street, Redchurch Street, Chance Street, Whitby Street, Ebor Street und King John Court weitere Hauptbühnen für Streetart sind, die in Großbritannien weiterhin – zumindest offiziell – illegal ist. Gerade im Londoner East End hat aber das sogenannte *painting with permission* der Streetart-Kultur in den letzten Jahrzehnten eine neue Facette hinzugefügt: Nicht mehr *under cover*, nein, einige Künstler klopfen vorher bei Gebäudeeigentümern an und fragen um Erlaubnis. Das hat dazu geführt, dass es in Shoreditch und Spitalfields einige sehr kunstvolle und detailreiche Werke gibt, die in einer Nacht-und-Nebel-Aktion nicht zu schaffen gewesen wären. Zudem haben sowohl Stadtverwaltung als auch Immobilieneigentümer das Potenzial von Streetart – illegal hin oder her – erkannt, seit sie sich im Kunstkanon etabliert hat. Das Londoner East End ist auf jeden Fall eine geniale Freiluftbühne für eine extrem variantenreiche Kunstform, die sich täglich weiterentwickelt und deren Betrachtung rein gar nichts kostet. Sightseeing der anderen Art eben.

↖ Streetart ist inzwischen genauso typisch für London wie die roten Doppeldeckerbusse.
← East-End-Häuserwände als Leinwand: Streetfood und Streetart passen in Shoreditch perfekt zusammen.
↗ Der Town House Shop belebt ein altes Hugenotten-Haus auf charmante Weise.

INFO

BESUCH BEI EINEM EXZENTRISCHEN KÜNSTLERPAAR

Spitalfields, ein beliebter Künstler-Wohnort, ist seit 1968 die Heimat des Künstlerpaars Gilbert & George, das für seine großformatigen Fotoarbeiten bekannt ist. Die beiden Herren, die nur im Doppelpack auftreten, leben in einer Seitenstraße der Brick Lane und haben 2023 um die Ecke in einer ehemaligen Brauerei das Gilbert & George Centre eröffnet. Ein- bis zweimal im Jahr werden dort ihre Werke gezeigt, und es kann durchaus sein, dass die beiden im Eingangsbereich sitzen und das Geschehen beobachten.

CHARMANTER SHOP MIT FRANZÖSISCHER GESCHICHTE

Kuriositätenshop für Keramik, Bücher, Kunst und Antiquitäten, Café und Galerie – das Town House auf der Fournier Street, einer Seitenstraße der Brick Lane, ist all das. Vor allem ist es aber auch ein wunderbares Beispiel für eines der alten Hugenotten-Häuser, die es in Spitalfields zu bewundern gibt. Französische Hugenotten, die im 17. Jahrhundert vor der religiösen Verfolgung fliehen mussten, ließen sich im Londoner East End als Seidenweber nieder und haben neben französischen Straßennamen einige der schönsten Gebäude der Stadt mit einer einzigartigen Architektur hinterlassen. Das 1721 gebaute Town House weist noch viele seiner ursprünglichen Gestaltungsmerkmale auf.

MEHR INFORMATIONEN

www.shoreditchstreetarttours.co.uk
www.gilbertandgeorgecentre.org
www.townhousespitalfields.com

Die Handschrift des Künstlerduos Gilbert & George, das sich 1967 an der Saint Martin's School of Art kennenlernte, ist unverkennbar.

41

YOUNG V&A

MUSEUM MIT FRÖHLICHKEITSKONZEPT

Wo Werke von David Hockney und Keith Haring auf Sponge Bob und Minecraft treffen – im Young V&A im Ostlondoner Stadtteil Bethnal Green ist alles auf ein junges Museumspublikum ausgerichtet. Die Einrichtung setzt dabei Maßstäbe als ein offener und zugänglicher Ort des Lernens, der Spaß macht.

Das Victoria & Albert Museum, kurz V&A, in South Kensington ist ein Londoner Liebling. Das 1852 eröffnete Kunstgewerbe- und Designmuseum ist das größte seiner Art weltweit mit einem Riesenspektrum an Exponaten aus allen Epochen und jedem Winkel der Welt – die Schatzkiste des V&A ist unerschöpflich. Auch wer Jahrzehnte in London lebt, entdeckt immer wieder Neues, ganz zu schweigen von den Sonderausstellungen, die regelmäßig zu musealen Blockbustern werden. Beim V&A weiß man, wie Museum geht.

Das zeigt sich auch im Young V&A am anderen Ende der Stadt, das nach einer Neugestaltung im Juli 2023 wiedereröffnet wurde. Das Museum für Kinder wurde 1872 als V&A-Schwestermuseum eingerichtet und benötigte eine Generalüberholung. Problem: Das Museum of Childhood, so sein alter Name, präsentierte zwar Spielzeug, Puppenhäuser und mit der Kindheit assoziierte Objekte, war aber deswegen nicht zwingend ein Museum für Kinder. Im Gegenteil, es waren eher die Eltern und Antiquitätenliebhaber, die beim Anblick der Objekte in ihren Glasvitrinen in nostalgische Verzückung gerieten. Für Kinder war das eher langweilig.

Interaktion statt Glasvitrine

Daher startete 2019 die Umgestaltung in ein Haus nicht über die Kindheit, sondern für Kinder – als kollaborativer Prozess, bei dem rund 22 000 lokale Schulkinder zu ihrem idealen Museum interviewt wurden. Die Antwort auf diese Frage gab dem Team einen klaren Auftrag: Das junge Publikum möchte ein fröhliches Museum – einen Ort, an dem es sich austoben, laut und ausgelassen sein darf. Nach gut drei Jahren Umbau ist das (kostenlose) Young V&A nun eine geniale Mischung aus Spielplatz und Museum für Kinder zwischen 0 und 14 Jahren, deren Interessen altersgerecht in drei Galerien bedient werden.

Im Mittelpunkt des Baus steht der »Town Square« mit seinem viktorianischen Mosaikboden. Das lichtdurchflutete Atrium erstreckt sich über die gesamte Länge der zentralen Halle, die von den Ausstellungsgalerien umgeben ist. Unter den Überschriften »Play« (0–4 Jahre), »Imagine« (5–10 Jahre) und »Design« (11–14 Jahre) stehen dort Interaktivität, Machen und Erleben im Mittelpunkt. Den Kuratoren ist dabei die Verbindung zwischen interaktiven Angeboten und »Anschauelementen« sehr gut gelungen. Zu den Ausstellungsstücken gehören rund 2000 Exponate aus der erstklassigen Sammlung des Mutterhauses V&A, die kindgerecht präsentiert werden. Werke von David Hockney, alte Teddybären und Harry Potters Besenstiel mischen sich mit einer syrischen Babyrassel aus dem Jahr 2300 v. Chr. und einer herrlichen Puppenhaus-Installation der Turner-Preis-Gewinnerin Rachel Whiteread.

Das Fröhlichkeits-Konzept des Young V&A scheint aufzugehen: In den ersten drei Monaten nach der Wiedereröffnung zog es bereits über 200 000 Besucher an – und einigen gefiel es so gut, dass sie sich in der Toilette versteckten, weil sie nicht nach Hause wollten.

← Das Museumsatrium als lichter Riesenspielplatz
↓ Auf der Columbia Road mischen sich am Sonntag Einheimische und Londonbesucher – drängeln gehört dazu.

INFO

LONDONER SONNTAGS-FEELINGS AUF DEM BLUMENMARKT

Knapp 20 Minuten westlich des Young V&A verwandelt sich eine kleine Straße jeden Sonntag von 8 bis circa 14 Uhr in einen der charmantesten, charaktervollsten und buntesten Märkte der Stadt. Beim Columbia Road Flower Market dreht sich alles um Blumen und Pflanzen, die von den Händlern lautstark angepriesen wurden. Sich als Besucher unter die Menge der einheimischen Blumenverkäufer zu mischen, auch wenn man selbst keinen Strauß kauft, gehört zu den schönsten Dingen, die man am Wochenende in London machen kann. Entlang der Straße und in Höfen reihen sich kleine Boutiquen, Antiquitätenläden, Vintage-Mode-Shops, Galerien, Cafés und Pubs. Herrlich zum Stöbern, für entspannte Drinks und ein spezifisches London-Feeling.

MEHR INFORMATIONEN

www.vam.ac.uk
www.columbiaroad.info

42

QUEEN ELIZABETH OLYMPIC PARK

LEBENDIGES ERBE DER SPIELE

Die Olympischen Spiele 2012 waren für London ein Volltreffer – mit Bestnoten von den Gästen, einem Medaillenregen für die heimischen Athleten und sogar gutem Wetter. Im Mittelpunkt stand der Stadtteil Stratford, bis dato eher ein Randkind. Über zehn Jahre später ist der Olympische Park eine neue Londoner Destination.

Bei den Planungen für die Olympischen Spiele war es ein erklärtes Ziel, dass die Bevölkerung auch über das Ereignis hinaus etwas von dem olympischen Fieber haben sollte. In Stratford wurde daher nicht nur ein olympischer Park gebaut, sondern die Gesamtregeneration eines Stadtteils mitgeplant. Stratford ist das, was man im Englischen *deprived* nennt, sozial benachteiligt. Nach dem Niedergang der alten Industrien und der Zerstörung im Zweiten Weltkrieg kam der Stadtteil im Osten nicht mehr auf die Beine. Die Spiele waren eine einmalige Chance, das

Quartier nachhaltig zum Positiven zu verändern – mit einer besseren Infrastruktur, neuen Schulen, kulturellen Einrichtungen und Geschäftszentren.

Augapfel Olympic Park

Seitdem ist vor allem der Olympische Park, der nach den Spielen in Queen Elizabeth Olympic Park umbenannt wurde, zu einem beliebten Ausflugsziel für Londoner geworden. Er wurde auf einer Reihe von Inseln angelegt, die der Fluss Lea sowie diverse Zuflüsse und Kanäle umspülen. Innerhalb von sieben Jahren wurde eine über 200 Hektar große Industriebrache in eine grüne Oase verwandelt, mit der weltweit größten Bepflanzung an Wildblumen, Parkland und Flusswegen. Ab dem 27. Juli 2013 wurde der Park scheibchenweise wieder geöffnet und steht nun im Zentrum eines neuen Viertels mit unter anderem neuen Wohngebieten, dem Äquivalent von 357 Fußballfeldern an landschaftlich gestaltetem Raum und 35 Kilometern an Fuß- und Radwegen.

Im nördlichen Teil des Parks finden Besucher multifunktionale Sporthallen, Spielplätze, Parkanlagen und Veranstaltungsorte. Das südliche Parksegment ist ein Zentrum für Kultur und Unterhaltung. Mit Cafés, Restaurants, viel Grün und dem ArcelorMittal Orbit als unübersehbarer Attraktion. Das monströse von dem Bildhauer Anish Kapoor entworfene 114 Meter hohe Gebilde hat 21 Millionen Pfund gekostet und ist offiziell Großbritanniens höchste Skulptur. Von zwei Aussichtsplattformen genießen Besucher den Blick über den Park, die City und Canary Wharf bis zur Battersea Power Station auf der anderen Seite der Stadt. Wer das zu langweilig findet, wird »The Slide« mögen – die höchste und längste Tunnelrutsche der Welt, die sich über 178 Meter um die Skulptur wickelt. Wer sich in die Mega-Rutschröhre wagt, rauscht mit bis zu 24 km/h nach unten.

Aktuell wird im Rahmen eines 1,1-Milliarden-Pfund-Investitionsprojekts am neuen East-Bank-Kultur- und Bildungsviertel im Herzen des Parks gebaut, mit dem V & A East als Zweigstelle des Victoria & Albert Museum in South Kensington, dem Sadler's Wells East als Ableger der gleichnamigen Ballett- und Tanzbühne im Zentrum, den BBC Music Studios sowie einem neuen Campus des University College London (UCL East) und des London College of Fashion der University of the Arts London. Eine clevere Kombination – Kultur, Medien und Bildung ziehen immer. Die Studenten sind schon auf dem Campus eingezogen, 2024 bzw. 2025 sollen Sadler's Wells und das V&A eröffnen.

INFO

URALTE INDUSTRIEINSEL

Südlich des Olympischen Parks liegt eine Londoner Kuriosität: Three Mills Island, das älteste noch erhaltene Industriezentrum der Stadt. Auf der Insel, die durch die Teilung und den Zusammenfluss von Nebenflüssen und Kanälen des Flusses Lea entstand, gibt es seit dem 11. Jahrhundert Gezeitenmühlen. Grund: Der Lea mündet bei den Docklands in die Themse und wird über deren Tideway von den Gezeiten der Nordsee mitbeeinflusst. Im Lauf der Jahrhunderte wurde in den ursprünglich drei Mühlen unter anderem Mehl für die Bäcker von Stratford gemahlen. Heute ist die auf den Fundamenten einer Mühle aus dem 14. Jahrhundert errichtete House Mill von 1776 die größte erhaltene Gezeitenmühle der Welt. Tipp: Spazieren Sie vom Olympischen Park aus auf *The Line*, einer Route mit Open-Air-Kunst, die den Park mit der O2 Arena in Greenwich verbindet und an Three Mills Island vorbeiführt.

MEHR INFORMATIONEN

www.queenelizabehtolympicpark.co.uk
www.housemill.org.uk
www.the-line.org/pins/three-mills-buildings

← Neuer Open-Air-Treffpunkt in Stratford: Londons Olympischer Park steht seit den Spielen 2012 nicht still.
↑ An Londons ältestem Industriestandort hat heute ein Film- und Fernsehproduktionsstudio eine atmosphärische Unterkunft gefunden.

43

WILLIAM MORRIS GALLERY

AUF DEN SPUREN EINES MULTITALENTS

Endstation Walthamstow: Der Stadtteil ist die letzte Haltestelle der Victoria Line an ihrem östlichen Ende. Touristen verirren sich selten bis gar nicht hierher. Wer sich für Design interessiert (und neugierig ist auf ein anderes Gesicht Londons), sollte den Weg auf sich nehmen: Die William Morris Gallery ist eines der bestgehüteten Geheimnisse der Stadt.

Anfang der 1990er-Jahre nannte sich eine Boyband nach der Postleitzahl ihres Londoner Heimatstadtteils Walthamstow. Die Erfolgszeiten der Jungs von E17 sind vorbei. Der Stadtteil, ein traditionell von Migration geprägtes Arbeiterviertel, hat sich in den letzten Jahrzehnten auf der Beliebtheitsskala von Familien, die nach Wohnraum mit gutem Zentrumsanschluss suchen, nach oben gearbeitet. Und im Kern des alten Walthamstow Village rund um die Orford Road hat sich ein neues »Dorfzentrum« entwickelt. Eine Touristendestination ist Walthamstow aber sicher nicht. Wer die rund 15 Minuten zur nördlich der Tube-Station gelegenen William Morris Gallery geht, wird sehen, warum. Der Weg lohnt sich aber unbedingt, nicht nur um ein erstklassiges Museum, sondern auch um einen hochinteressanten Menschen kennenzulernen.

Visionärer Designer und antikapitalistischer Unternehmer

Mit William Morris (1834–1896) tauchen wir in die Welt der britischen Arts-and-Crafts-Bewegung ein (s. auch Kap. 14), deren Begründer ein in Walthamstow geborenes Multitalent war: Textildesigner, Handwerker, Drucker, Schriftsteller, Poet – Morris war all das und dazu noch Sozialreformer, Marxist und Gründer eines eigenen Designunternehmens. In Deutschland ist er wenig bekannt, obwohl er und seine Arts-and-Crafts-Mitstreiter mit ihren Ideen das Bauhaus beeinflussten. In Großbritannien gilt er als berühmtester Designer des 19. Jahrhunderts, der als Arts-and-Crafts-Schlüsselfigur das Prinzip der handgefertigten Produktion vertrat, das sich im Gegensatz zum industriellen Fortschritt des viktorianischen Zeitalters verstand. Seine Designs für Tapeten und Textilien werden noch heute vertrieben.

Der in einer wohlhabenden Familie geborene Morris lebte von 1848 bis 1856 mit seiner verwitweten Mutter und acht Geschwistern in einem heute denkmalgeschützten Gebäude aus dem 18. Jahrhundert, das seit 1950 die William Morris Gallery beherbergt. Das 2012 komplett renovierte Museum führt Besucher in verschiedenen thematischen Ausstellungsbereichen durch das Leben und die Arbeit des Universalgenies, dessen Ideen zu Kunst, Natur, Arbeit und Menschsein heute relevanter sind denn je.

Der von Morris' Werkstätten inspirierte »Workshop«-Bereich lässt die typischen Morris-Designs voller Vögel und Pflanzen lebendig werden. Hier können Besucher nachvollziehen, wie seine Handwerker mit traditionellen Techniken Baumwollstoffe, Teppiche, Wandteppiche und Glasmalereien herstellten. In »The Shop« wird man in das 19. Jahrhundert zurückversetzt und betritt das Geschäft seines Unternehmens Morris & Co, wo Kunden auf der Oxford Street handgefertigte Möbel, Stoffe, Fliesen und dekorative Keramik erwerben konnten. »The Ideal Book« wird alle begeistern, die sich für Buchdesign interessieren. Tipp: Drehen Sie nach der Besichtigung eine Runde in dem ehemaligen Garten des Anwesens, jetzt eine Parkanlage, oder trinken Sie einen Tee im Café mit Blick aufs Grün.

← Willkommen bei William Morris: Die blaue Plakette an der Hausfassade verweist – wie immer in London – auf den berühmten historischen Bewohner.
↓ Schrille Neonexplosion an einem unerwarteten Ort

INFO

HOLLYWOOD-NEONWELT NEBEN AUTOWERKSTÄTTEN

Bereit für ein Kontrastprogramm? Dann auf ins tiefste Walthamstow, genauer: ein Industriegebiet knapp 15 Minuten östlich der Tube-Station. Zwischen Autoreparaturwerkstätten wartet dort das psychedelische Neon-Paradies God's Own Junkyard. Fast 40 Jahre lang produzierte der 2014 verstorbene Neonkünstler Chris Bracey, der Hollywood-Blockbuster mit seinen Werken bestückte, in Walthamstow Schilder und Installationen. In dem »göttlichen Ausstellungsschrottplatz« stapeln sich Braceys Arbeiten neben Vintage-Neonschildern, die aus dem Abfall gefischt wurden, zum Kaufen und Mieten. Religiöse Statuen? Discokugeln? Gibt es alles und dazu noch ein Café mit dem schönen Namen The Rolling Scones. Briten lieben Wortspiele …

MEHR INFORMATIONEN

www.wmgallery.org.uk
www.instagram.com/godsownjunkyard
www.godsownjunkyard.co.uk

Pergola im Hill Garden von Hampstead Heath, einem riesigen Wald- und Wiesengelände im Norden Londons

NORDEN
Wohlfühlorte, Kanalschlendereien, charmantes Dorf und ein Besuch bei Sigmund Freud

44

KING'S CROSS

URBANES STIEFKIND WIRD WOHLFÜHLORT

Ein riesiges Regenerationsprojekt hat eine Industriebrache nördlich des Bahnhofs King's Cross in ein neues Stadtviertel verwandelt. Viktorianische Backsteinarchitektur bildet jetzt den Rahmen für öffentliche Räume, die Kommerz und Kultur geschickt miteinander verbinden und die Herzen der Londoner im Nu erobert haben.

Kennen Sie das? Sie schlendern durch eine Stadt und kommen an einen Ort, der Sie sofort anspricht. Eine urbane Ecke, die ein gutes Gefühl auslöst. Wenn das passiert, wurde erfolgreich etwas umgesetzt, was man im Englischen *placemaking* nennt. London ist in dieser städtegestalterischen Disziplin ziemlich gut. In den letzten Jahren sind in verschiedenen Ecken der Stadt neue öffentliche Räume entstanden, an denen sich Menschen wohlfühlen.

Die Battersea Power Station südlich der Themse ist so ein Beispiel (s. Kap. 26), im Norden ist es King's Cross. King's Cross hatte lange ein Imageproblem: Drogen, Alkohol, Prostitution. In den letzten gut 15 Jahren hat die Ecke rund um den Bahnhof King's Cross und den danebenliegenden Eurostar-Bahnhof St. Pancras ein neues Gesicht erhalten, indem eine rund 27 Hektar große Industriebrache in ein neues Stadtviertel verwandelt wurde. Mit der Fertigstellung des nördlich des Bahnhofs verlaufenden Regent's Canal im Jahr 1820 und dem Aufkommen der Eisenbahn ab der Mitte des 19. Jahrhunderts war King's Cross zu einem Industrie- und Verkehrsknotenpunkt geworden, der London mit den Industriezentren im Norden des Landes verband. Die Blütezeit hielt bis zum Zweiten Weltkrieg an, gegen Ende des 20. Jahrhunderts waren die *railway lands* nördlich des Bahnhofs mit ihren verfallenen Lagerhäusern und stillgelegten Gleisanschlüssen allerdings zu einem Symbol für den industriellen Niedergang geworden – bis ein ehrgeiziges Stadtentwicklungsprojekt ab Ende 2008 eine neue Phase einläutete.

Urbanes Leben am Kanal

Grünflächen und Plätze sind entstanden, ein neuer Campus für die Kunst- und Designhochschule Central Saint Martins wurde im Granary Complex, einem Getreidespeicher aus dem 19. Jahrhundert, eröffnet. Geschäfte, Restaurants und große Unternehmen wie Facebook und Google sind eingezogen. Das neue städtische Leben spielt sich dabei im Kern am Regent's Canal rund um den Granary Square und die alten viktorianischen Schuppen des Coal Drops Yard ab, wo einst die Kohlen aus dem Norden von der Schiene auf die Straße umgeladen wurden.

Die frühindustriellen Backsteingebäude beherbergen nun trendige Shops und viele Gelegenheiten zum Essen und Trinken im Freien. Auf dem Granary Square hat sich ein abends bunt angeleuchteter Springbrunnen mit 1080 Düsen zu einem Londoner Liebling entwickelt, der an sonnigen Tagen zu einem urbanen Strand wird, an dem Kinder durch die Fontänen sausen. Direkt am Kanal bilden riesige Stufen ein natürliches Amphitheater für Open-Air-Kino und Public Viewing, wenn sportliche Großereignisse wie Wimbledon anstehen. Am Wochenende gibt es einen Food Market, seit 2023 finden in der mit digitaler Projektions- und Audiotechnologie ausgestatteten Lightroom-Galerie immersive Ausstellungen statt, Kunst im Freien gibt es sowieso immer. Kurzum: Eine Runde King's Cross lohnt sich immer.

INFO

NEUGOTISCHE PRACHT

2011 erreichte die King's Cross Schönheits-OP ihren ersten Höhepunkt, als auf der Euston Road zehn Minuten südwestlich vom Granary Square das alte Bahnhofshotel Midland Grand als St Pancras Renaissance Hotel wiedereröffnet wurde: Es steht als Fassade vor der Haupthalle der St. Pancras Station von 1868 – bis heute einer der beeindruckendsten Bahnhöfe weltweit. Die neugotische Pracht des ehemaligen Grand Hotel mit Türmchen und Zinnen ist ähnlich atemberaubend. Unbedingt reingehen und links von der Lobby die Opulenz eines herrlichen viktorianischen Treppenaufgangs bewundern! Rechts der Lobby gelangt man in den Bahnhof, der seit 2007 das Londoner Eurostar-Terminal ist. Aber vorher lädt die Booking Office 1869 Hotelbar ein: Wo früher Zugtickets verkauft wurden, gibt es heute im 1930er-Brasseriestil Cocktails zwischen Palmen.

MEHR INFORMATIONEN

www.kingscross.co.uk
www.marriott.com/de/hotels/lonpr-st-pancras-renaissance-hotel-london/overview

← Coal Drops Yard: gelungene Kombination von viktorianischer Backsteinarchitektur und modernen Elementen
↑ Dieses Bahnhofshotel muss sich nicht verstecken.

TOP-EVENTS IN LONDON

Der Londoner Veranstaltungskalender ist umfangreich und vielfältig: Kunst, Musik, Mode, Architektur, Sport, Kulinarik und und und. Klassiker wie Wimbledon oder die Sommerkonzertreihe der Proms ermöglichen Besuchern *only in London* Momente für das Erinnerungsalbum im Kopf.

FRÜHLING

CHELSEA FLOWER SHOW

Die berühmteste Gartenschau der Welt, organisiert Ende Mai von der Royal Horticultural Society. Montags kommen die *royals* und High-Society, am Dienstag und Mittwoch sind die Mitglieder der Society dran, von Donnerstag bis Samstag darf das »gemeine Volk« teilnehmen. Eine tolle Schau, nicht nur für Gartenfreunde!

BOAT RACE

Das Boat Race, eine um Ostern ausgetragene Ruderregatta zwischen den besten Achter-Teams der Universitäten Oxford und Cambridge, findet seit 1829 statt. Entlang der knapp 6,8 Kilometer langen Strecke im Südwesten zwischen Putney und Mortlake wird es während des Rennens in den Pubs am Fluss feucht-fröhlich.

SOMMER

LONDON OPEN GARDENS

Anfang Juni öffnen Gärten in ganz London ein Wochenende lang ihre Pforten für Einblicke in private *garden squares*, Dachoasen, kommunale Kleingärten, Küchengärten und vieles mehr. Die Chance, besondere Grünanlagen zu sehen, von denen die meisten sonst nicht für die Öffentlichkeit zugänglich sind, lassen sich Londoner ungern entgehen. Das Event ist seit 25 Jahren ein Renner, einen besseren Gütestempel gibt es nicht.

WIMBLEDON

Mit dem Grounds Pass gelingt das ultimative Wimbledon-Erlebnis: Für 30 Pfund erhält man Zutritt auf das Turniergelände einschließlich aller Courts außer No. 1 und dem Centre Court. Die Aktion dort verfolgt man von The Hill, wo die Spiele auf den beiden Hauptplätzen live übertragen werden. Die Atmosphäre: prima, das Flair: einmalig.

PROMS

Die Proms (Henry Wood Promenade Concerts) in der grandiosen Royal Albert Hall sind unschlagbar. Von Juli bis September bringen sie jedes Jahr ein Who's Who der internationalen Klassikszene nach London. Das Programm ist top, die ungezwungene Atmosphäre begeistert. Wer es »richtig« machen will, stellt sich für eines der rund 1000 Stehtickets an, die für jedes Konzert am jeweiligen Tag verkauft werden (kurz: *promming*).

MELTDOWN FESTIVAL

Eine geniale Idee: Seit 1993 kuratiert eine berühmte Persönlichkeit aus der Musikszene beim Meltdown Festival im Southbank-Kulturzentrum ihr ganz persönliches Lieblingsprogramm mit Performern, die er oder sie hören möchte. Nick Cave, David Bowie, Massive Attack, Grace Jones, Chaka Kahn – alle waren schon am Ruder. So entsteht jedes Jahr im Juni ein zweiwöchiges kurzweiliges Musikfestival, bei dem die Unterhaltung nie zu kurz kommt.

HERBST

OPEN HOUSE FESTIVAL

Prachtvolle Zunfthäuser, moderne Privathäuser oder der Amts- und Wohnsitz des Premierministers an Downing Street Nr. 10: Wenn Hunderte von Gebäuden in ganz London über zwei Wochenenden im September kostenlos Blicke hinter sonst verschlossene Türen gewähren, ist ganz London auf den Beinen.

FRIEZE LONDON

Interesse an zeitgenössischer Kunst? Dann lockt an vier Tagen im Oktober die Frieze London in ein Festzelt im Regent's Park. Seit 2003 begutachtet die internationale Kunstszene dort, was Galerien aus aller Welt zu bieten haben. Im September und Oktober verwandelt die Frieze Sculpture den Regent's Park in eine Freiluftgalerie.

LONDON FILM FESTIVAL & LONDON JAZZ FESTIVAL

Im Oktober Film, im November Jazz – planen Sie Ihren Londontrip passend zum Interesse. Die Qualität beider Veranstaltungen bedient alle Erwartungen, die man an eine Weltmetropole haben kann.

WINTER

WEIHNACHTSLICHTER

Kein offizielles Event, aber so sehenswert, dass es inzwischen sogar eine »Christmas Lights«-Bustour gibt: Ab Ende November sind die Straßen und Schaufenster der Stadt festlich erleuchtet und dekoriert.

CHINESE NEW YEAR

Die Londoner chinesische Neujahrsfeier zwischen Ende Januar und Mitte Februar ist die größte außerhalb Asiens. Im Mittelpunkt steht eine traditionelle Parade mit Drachen, Tänzern und Festwagen.

45

WELLCOME COLLECTION

EIN ORT FÜR NEUGIERIGE

Ein Museum, das unser Verhältnis zur Gesundheit hinterfragt und Menschen anregen möchte, über die Verbindungen zwischen Wissenschaft, Medizin, Leben und Kunst nachzudenken. So weit, so theoretisch. Die Praxis der Wellcome Collection ist viel spannender, und wer an ihren Türen vorbeiläuft, verpasst einen der inspirierendsten Orte in London.

Auf der Euston Road, nur wenige Minuten vom Bahnhof King's Cross entfernt, versteckt sich Picassos einziges Wandgemälde in Großbritannien. Für Fans des Malers und Bildhauers mag allein das schon Grund genug sein, einen Blick in die Wellcome Collection zu werfen. Denn dort ist dieses Wandgemälde, das Picasso ursprünglich 1950 bei einer Party spontan an die Wand eines Londoner Hauses zeichnete, auf dem zweiten Stockwerk am Eingang zum Reading Room zu sehen. Für andere ist es wiederum dieser wunderbar gestaltete Reading Room, eine Mischung aus Galerie und Bibliothek mit einer mit Kissen ausgelegten Treppe, die Besucher zum Sitzen und Lesen einlädt, und allerlei kuriosen Objekten der Wellcome Collection. Denn es gibt nicht wenige Besucher, die nur durch die Tür dieses grau-weißen Gebäudes treten, um direkt über eine sich nach oben mäandernde Treppe, die im Empfangsbereich als architektonisches Kunstwerk aus Glas und Stahl Blicke auf sich zieht, zum Reading Room zu gelangen. Dort lässt man sich dann mit dem Laptop nieder, liest oder genießt einfach das Ambiente.

Inspirierender Cocktail aus Medizin, Kunst und Menschsein

Die Wellcome Collection ist nicht nur eines der inspirierendsten (kostenlosen) Museen der Stadt, es ist auch ein fantastischer Ort, der offen für alle ist und den man nie verlässt, ohne etwas entdeckt oder gelernt zu haben. Die Sammlung geht auf Sir Henry Solomon Wellcome (1853–1936) zurück, der 1880 als Pharmareferent aus den USA nach England gekommen war und mit seinem Partner Silas Burroughs eines der erfolgreichsten pharmazeutischen Unternehmen der damaligen Zeit aufbaute. Wellcome war ein begeisterter Sammler anthropologischer und medizinischer Objekte und eröffnete bereits 1911 ein »historisches medizinisches Museum«, das 1932 an seinen heutigen Standort in der Euston Road umzog und nach einer umfangreichen Modernisierung 2007 als Wellcome Collection eröffnet wurde. Die Institution ist Teil des Wellcome Trust, dessen Gründung Wellcome in seinem Testament vorsah und der heute mit einem Investitionsportfolio von rund 38 Milliarden Pfund in Großbritannien wissenschaftliche Forschung finanziert und sich international für gesundheitspolitische Belange einsetzt.

Neben der ständigen Ausstellung »Being Human« zum Thema »Menschsein im 21. Jahrhundert« dreht sich in der Wellcome Collection, zu der auch eine öffentlich zugängliche wissenschaftliche Bibliothek gehört, alles um Medizin, Mensch, Leben und Kunst. Vor allem die höchst innovativen Wechselausstellungen bieten spannende und unerwartete Perspektiven auf menschliche Themen, vom Konzept der Schönheit über unser Verhältnis zu Milch bis hin zur Wirkung positiver Emotionen auf unseren Körper. Ein Blick hinter die Türen der Wellcome Collection lohnt sich immer – und sei es nur, um sich in einem der gemütlichen Sessel im Reading Room auszuruhen.

← Na, was könnte das sein? Ein Besuch im Reading Room der Wellcome Collection verrät es Ihnen.
↓ Ein Tor zu ganz viel Wissen: Seit 1998 residiert die British Library an der Euston Road.

INFO

BÜCHER-SCHATZKISTE

Schräg gegenüber der Wellcome Collection wartet mit der British Library ein weiterer Ort der Inspiration. Wer auch nur ansatzweise Interesse an Büchern, Literatur, Kunst und Geschichte hat, muss die Nationalbibliothek Großbritanniens, eine der wichtigsten Forschungs- und Universalbibliotheken der Welt, besuchen. Schauen Sie sich unbedingt die Treasures Gallery an, in der einige der bedeutendsten illustrierten Bücher und Manuskripte aus aller Welt zu sehen sind, wie die Gutenberg Bibel von 1455, die Magna Charta von 1215, Originalexemplare von Shakespeare-Stücken, Dokumente von Leonardo Da Vinci und Charles Darwin, eine handgeschriebene Partitur von Händel, Songtexte der Beatles und und und. All das kostet übrigens nichts. Ein weiteres Beispiel dafür, dass in einer der teuersten Städte der Welt die wirklich guten Dinge umsonst sind.

MEHR INFORMATIONEN

www.wellcomecollection.org
www.bl.uk

46

SPAZIERGANG AM REGENT'S CANAL

LONDONER KALEIDOSKOP

Eine andere Perspektive auf London? Dafür eignet sich nichts besser als ein Spaziergang am Regent's Canal entlang. Von King's Cross in Richtung Osten bis nach Hackney bietet der Treidelpfad am Wasser Einblicke in typisches Londoner Alltagsleben, einschließlich einer Kanalboot-Community und Kurzabstechern in die an den Kanal grenzenden Stadtteile.

Beim Thema Wasser kommt einem in London als Erstes die allmächtige Themse in den Sinn. Dabei wird die Stadt von einem weitläufigen System von Kanälen durchzogen, die einen Spaziergang am Wasser mit mehr Lokalkolorit bieten – einschließlich Hausbooten und Londoner bei ihren täglichen Aktivitäten von Fahrradfahren und Joggen bis Hund-Ausführen oder dem wochenendlichen Bummel mit Freunden.

Verborgene Welt am Kanal

Der 13,8 Kilometer lange Wasserweg windet sich nördlich des Stadtzentrums von Little Venice im Westen (s. Kap. 25) bis zum Limehouse Basin im Osten, wo er in die Themse mündet. Auf seinem Weg durchquert er unter anderem Regent's Park, Camden, King's Cross, Islington und verschiedene Stadtteile im East End. Unser gut fünf Kilometer langer Teilabschnitt von King's Cross bis nach Hackney startet bei Word on the Water, einem Kanalboot-Buchladen in der Nähe des Lighterman Pub am Granary Square. Von hier geht es gen Osten auf dem schmalen Treidelpfad unter der Caledonian Road hindurch. Kurz danach verschwindet der Kanal bis zur Colebrook Row in dem knapp 880 Meter langen Islington Tunnel, der nur für Boote durchquerbar ist.

Der Weg geht an der Straße entlang weiter, über Maygood Street und Dewey Street, dann durch den kleinen Culpeper Park, die Ritchie Street und Berners Road. Biegen Sie hier für einen Islington-Abstecher in die Upper Street ein, hinter der sich die charmante Camden Passage versteckt – mit einem Antiquitätenmarkt, Vintage-Mode und kleinen Lädchen zum Shoppen und Schlendern.

Über die dahinter liegende Colebrook Row geht es in Richtung Süden zurück auf den Treidelpfad am Kanal, der hier wieder aus dem Untergrund auftaucht. Weiter schlendert man vorbei an Hausbooten und den Kanalbecken City Road Basin und Wenlock Basin. Ab hier machen sich die »Hipster-Viertel« Hoxton im Süden sowie De Beauvoir Town und Dalston im Norden bemerkbar, mit Cafés und Pop-up-Bars entlang des Kanals. Die Wasserstraße schlängelt sich weiter durch Haggerston, ein weiteres angesagtes Nordostlondoner Viertel, wo es um das Kingsland Basin einiges an Bars und Restaurants gibt und im Sommer das Feierabendbier – bzw. am Wochenende auch schon das mittägliche – gerne am Wasser eingenommen wird.

Zum Abschluss des Spaziergangs wartet in Hackney der Broadway Market auf der gleichnamigen Straße, die direkt auf den Kanal trifft. Samstags und Sonntags reihen sich hier die Stände eines der angesagtesten Märkte der Stadt (Sie merken es, der Osten Londons ist Hipsterland), der vor allem für frische Lebensmittel und Leckereien aller Art bekannt ist. Am nördlichen Ende der Straße kann man im London Fields Park damit sein Picknick gestalten, und unter der Woche lohnen sich die Boutiquen, Restaurants und Coffeeshops auf dem Broadway Market auch ohne Markttrubel.

INFO

GROSSE KUNST IN DER ALTEN MÖBELFABRIK

Warum pilgert Londons Kunstszene regelmäßig an den Regent's Canal? Weil sich südlich des Kanals auf der Wharf Road in einer alten viktorianischen Möbelfabrik eine Galerie für zeitgenössische britische und internationale Kunst verbirgt, deren Ausstellungen selten enttäuschen. Dahinter steckt die Grande Dame der britischen Kunstszene, Victoria Miro, die ihre gleichnamige, 1985 in Mayfair gegründete Galerie im Jahr 2000 in den Norden verlegte. Besucher sind von dem fantastischen Gebäude, in dem historische Elemente wie die alten Dachbalken erhalten wurden, genauso begeistert wie von der dort auf über 700 Quadratmetern ausgestellten Kunst. Nicht verpassen: der verwunschene, an das Wenlock Basin grenzende Garten hinter der Galerie!

MEHR INFORMATIONEN

www.canalrivertrust.org.uk/canals-and-rivers/regents-canal
www.victoria-miro.com

← In diesem Buchladen erfahren Sie, wie es sich im Innern eines Londoner Kanalboots anfühlt.
↑ In der Galerie von Victoria Miro treffen alte Dachbalken auf moderne Kunst.

47

ESTORICK COLLECTION OF MODERN ITALIAN ART

ITALIENISCHE ENTDECKUNGEN IN LONDON

Die betuchte Mittelklasse liebt die schönen Stadthäuser aus dem 18. und 19. Jahrhundert, die östlich von King's Cross in Islington viele Straßen säumen. In einem verbirgt sich eine der besten Sammlungen futuristischer Kunst weltweit.

Goldene London-Regel: Die besten Entdeckungen macht man abseits der Hauptstraßen. In Islington beweist das der Canonbury Square, der hinter der geschäftigen Upper Street liegt. Der Platz zentriert sich um einen elegant angelegten Blumengarten und war in der Vergangenheit Heimat bedeutender britischer Persönlichkeiten aus Kunst und Literatur wie zum Beispiel des Schriftstellers George Orwell. Am Nordostende des Platzes an der Ecke zum Canonbury Place steht Islingtons ältestes Gebäude: Der über 500 Jahre alte Canonbury Tower aus dem 16. Jahrhundert ist ein Relikt aus der ländlichen Vergangenheit Islingtons und Teil eines ehemaligen Tudor-Herrenhauses. Eine besondere Augenweide sind die Häuserreihen entlang des Canonbury Place, Ecke Compton Road, mit ihren hübschen kleinen Vorgärten. Und dann gibt es an der Nordwestecke des Platzes noch die im frühen 19. Jahrhundert gebaute Northampton Lodge, die seit 1998 Großbritanniens einziges Museum beherbergt, das sich ausschließlich der modernen italienischen Kunst widmet.

Futuristen im Norden Londons

Die Estorick Collection for Modern Italian Art ist, wie es ein Kritiker ausdrückte, die zivilisierteste Art, wie man in Nordlondon eine Stunde seiner Zeit verbringen kann. Die exquisite Sammlung ist für ihren Kernbestand an futuristischen Werken unter anderem von Giacomo Balla, Umberto Boccioni und Gino Severini bekannt. Dazu kommen figurative Kunst und Skulpturen aus der Zeit von 1890 bis in die 1950er-Jahre. All das zusammengetragen hat der amerikanische Soziologe und Politikwissenschaftler Eric Estorick (1913–1993), der sich nach dem Zweiten Weltkrieg in London niederließ und damit begann, Kunst zu sammeln. Warum gerade italienische Futuristen? Ein Zufall, wenn man so will: Der in Brooklyn als Sohn jüdischer Eltern geborene Estorick lernte 1947 die aus Leipzig stammende Salome Dessau kennen und entdeckte im Folgejahr auf der gemeinsamen Hochzeitsreise in der Schweiz das Buch »Futuristische Malerei und Plastik« von Umberto Boccioni. Estoricks Leidenschaft für italienische Kunst war entfacht, und noch während der Flitterwochen erwarben er und seine Frau in Mailand die ersten futuristischen Werke.

Innerhalb weniger Jahre trug das Paar eine herausragende Sammlung zusammen, die in regionalen britischen Galerien sowie 1956 in der Tate in London ausgestellt wurde und anschließend durch Europa und die USA tourte. Kurz vor seinem Tod gründete der Sammler 1993 die Estorick Foundation, der er alle seine italienischen Kunstwerke vermachte, und die Stiftung erwarb Northampton Lodge als ständiges Domizil für die Sammlung, die in mehreren Räumen auf drei Etagen zu sehen ist. Die Atmosphäre in dem fein renovierten georgianischen Stadthaus ist intim. Menschenmassen vor Bildern gibt es hier nicht, dafür fast das Gefühl einer Privatbesichtigung im elegantem Rahmen. I-Tüpfelchen: ein schönes Café mit Sitzgelegenheiten im Innenhof.

INFO

LIVEMUSIK IN HEILIGEN HALLEN

Islington ist Heimat einiger der renommiertesten Kulturinstitutionen der Stadt: Auf der Bühne des Almeida Theatre sind regelmäßig Weltklasseschauspieler in anspruchsvollen Produktionen zu sehen. Südlich der Upper Street ist das Sadler's Wells eine Top-Adresse für zeitgenössischen Tanz. Einen besonderen Platz im Herzen der Londoner hat aber die heiß geliebte Union Chapel (1877), die neben ihrer Funktion als Kirche ein einzigartig atmosphärischer Ort für Livemusik ist. Statt dem Pfarrer stehen hier das ganze Jahr über auch Künstlerinnen und Künstler am Altar. Das Ambiente ist genial, die Akustik hervorragend – Konzerte in der Union Chapel sind Kult.

MEHR INFORMATIONEN

www.estorickcollection.com
www.almeida.co.uk
www.sadlerswells.com
www.unionchapel.org.uk

← Interessantes in Islington: Blick auf den Canonbury Tower am gleichnamigen Square
↑ Die Union Chapel verspricht besondere Konzerterlebnisse.

48

FREUD MUSEUM

WO SIGMUND IM GARTEN SASS

»Ich fand die freundlichste Aufnahme im schönen, freien, großzügigen England.« Diese Worte schrieb Sigmund Freud in seinem letzten Lebensjahr, das er in einem Haus im Südwesten des Nordlondoner Stadtteils Hampstead verbrachte. Willkommen zu einer Londoner Zeitreise ins alte Wien.

Nordlondon wurde 1938 zum Zufluchtsort des Vaters der Psychoanalyse, der mit seiner Frau Martha und Tochter Anna nach dem Anschluss Österreichs an Deutschland nach London floh. Wo er mit offenen Armen empfangen wurde und an der Adresse Maresfield Gardens 20 einen Strom prominenter Gäste empfing, arbeitete, studierte, schrieb und auch Patienten behandelte, bevor er am 23. September 1939 verstarb.

Freud'sche Zeitkapsel

Das gepflegte, 1920 gebaute Wohnhaus beherbergt seit 1986 das Freud Museum, und beim Besuch betritt man gleichsam eine Zeitkapsel. Die Freud-Familie brachte ihren gesamten Wiener Hausrat mit allen Möbeln und Einrichtungsgegenständen mit nach London, wo ein kleines Stück habsburgisches Wien in Hampstead installiert und erhalten wurde. Star des Ensembles ist die berühmte, von einem persischen Teppich bedeckte Couch, die in Freuds Arbeitszimmer und Bibliothek im Erdgeschoss zu sehen ist – gemeinsam mit seiner erstaunlichen Sammlung antiker griechischer und römischer Figuren und Objekte. Fast 2000 Gegenstände füllen die Schränke und zieren jede freie Fläche. In den Bücherregalen stehen mehr als 1600 seiner Bücher, dazwischen Bilder, die noch genauso hängen, wie sie vom Besitzer angeordnet wurden.

Die Tour geht weiter durch das Esszimmer mit bemalten österreichischen Landhausmöbeln und Fotografien von Freuds Wohnung in Wien. Im Obergeschoss sind zwei Porträts des Psychoanalytikers zu sehen, eines davon von Salvador Dalí, der Freud in London besuchte. Auch die psychoanalytische Praxis taucht in visueller Form auf – mit zwei Gemälden des russischen Aristokraten Sergej Pankejeff, der als »Wolfsmann« zu einem der berühmtesten Fälle Freuds und Gegenstand seiner Schrift »Aus der Geschichte einer infantilen Neurose« wurde. Die Bilder zeigen den Albtraum Pankejeffs von einem Baum voller weißer Wölfe.

Ebenfalls sehr sehenswert im ersten Stockwerk sind Räumlichkeiten, die Freuds Tochter Anna gewidmet sind, die 1938 gemeinsam mit ihren Eltern und Geschwistern nach Großbritannien floh und bis zu ihrem Tod 1982 in dem Haus lebte. Sie wurde in Großbritannien durch ihre Arbeit als Psychoanalytikerin und Kinderpsychologin bekannt. Nebenbei: Sie ist nicht die einzige Nachfahrin des Psychoanalytikers, die in der neuen Heimat Prominenz erlangt hat. Der Name Freud ist in der britischen und Londoner Gesellschaft kein unbekannter, sei es Sigmunds Enkel Lucian Freud (1922–2011), der als einer der bedeutendsten britischen (Porträt-)Maler des 20. Jahrhunderts gilt, oder diverse Urenkel- und -enkelinnen, die als namhafte Autoren, Designer und Medienschaffende unterwegs sind. Zum Schluss kann man sich noch einige von Anna kommentierte faszinierende Familienfilmaufnahmen aus den 1930ern anschauen, eine seltene BBC-Tonaufnahme von Freud hören und – bei schönem Wetter – Zeit in dem von Sigmund und Anna sehr geliebten Garten genießen.

← Ganz anders als in Wien, aber auch schön: Sigmund Freuds letzter Wohnort
↓ Britische und internationale Kunst trifft auf sattes Grün im Camden Art Centre.

INFO

LONDONER ALLESKÖNNER-ORT

Zehn Minuten vom Freud Museum fällt an der Ecke Finchley Road/Arkwright Road ein schönes Backsteingebäude ins Auge. Hm, denkt sich der neugierige Londonflaneur. Was ist das? Kann man da rein? Erstens: das Camden Art Centre. Zweitens: unbedingt. Das denkmalgeschützte Haus wurde Ende des 19. Jahrhunderts als Hampstead Central Library eröffnet und ist seit 1965 einer dieser praktischen Londoner Alleskönner-Orte: Galerie, kreatives Zentrum für Kunstprofis- und -laien, Shop für originellen Schnickschnack, Café/Bar und ein versteckter Garten hinterm Haus. Wechselnde kostenlose Ausstellungen zeigen zeitgenössische britische und internationale Kunst und vor allem Werke von aufstrebenden Kreativen. Alternativ besorgt man sich in der hauseigenen Bar Bicicletta direkt einen Aperitif und sucht sich – idealerweise – einen Platz im Freien.

MEHR INFORMATIONEN

www.freud.org.uk
www.camdenartcentre.org

49

HAMPSTEAD & HAMPSTEAD HEATH

CHARMANTES DORF IM NORDEN

Himmlisches Hampstead: Ein rund sechs Kilometer vom Zentrum entferntes, auf einem Hügel gelegenes georgianisches Dorf lockt schon seit Jahrhunderten ein Who's Who von Autoren, Künstlern und Intellektuellen an. Große Sehenswürdigkeiten gibt es dort keine. In Hampstead überzeugt London mit subtilem Charme – und einer grünen Lunge für betongeplagte Großstädter.

Für Hampstead Village, das heute Teil des Stadtbezirks Camden ist, gibt es vor allem einen Tipp: ausgiebig umherstreifen und sich treiben lassen. Einfach auf Entdeckungstour gehen. Hampstead High Street, die von Hampstead Tube aus abwärts in Richtung Süden läuft, bildet das Dorfzentrum mit Boutiquen, Cafés und Pubs. Am besten gleich links bzw. rechts liegen lassen, denn interessanter ist das Netzwerk an Gassen abseits der Hauptstraße. Hügel hoch und runter, über kleine Plätze und in unerwartete Ecken – ein Paradies für neugierige Spaziergänger. Das Hampstead-Hinterland ist eine reine, teure Wohngegend. Durchgangsverkehr gibt es wenig, und wie sonst kaum irgendwo in London kann man in Ruhe schlendern.

Paradies für Spaziergänger

Nördlich der Tube geht es über Holly Hill aufwärts, direkt in eine typisch filmreife Hampstead-Gegend. An der Ecke zum Holly Mount steht das Holly Bush Pub: Ein Bilderbuchhäuschen aus dem späten 18. Jahrhundert mit einer blumengeschmückten Fassade und einem verwinkelten Innenraum mit niedriger Decke. Die Plätze auf der kleinen Terrasse sind bei gutem Wetter schnell gefüllt, denn solch friedliche Orte im Freien sind begehrt in London. Weiter nördlich kommt man über Hampstead Grove, wo Bäume und Häuser ein elegantes Ensemble bilden, zum Fenton House. Das gepflegte Anwesen wurde im 17. Jahrhundert gebaut und ist im Stil des 18. Jahrhunderts eingerichtet. Im Obergeschoss gibt es eine erlesene Sammlung alter Tasteninstrumente und als Beigabe die Aussicht über London. Am schönsten ist aber der *walled garden* mit einem formalen Garten sowie einem Obst- und Küchengarten. Die Ansicht von hier auf die umliegende Hampstead-Szenerie hat etwas von einem ländlichen Paradies. Das 21. Jahrhundert, von der Großstadt ganz zu schweigen, ist weit weg. Weiter nach oben auf Hampstead Grove biegt links der Admiral's Walk ab, der nach dem bekanntesten Gebäude dort benannt ist: dem strahlend-weißen Admiral's House mit seiner nautisch dekorierten Außenfassade.

Zurück im Süden liegt hinter der High Street in Richtung Heath eine weitere Enklave, die verkörpert, dass in Hampstead Vornehmheit gepaart mit einem Schuss Eigenwilligkeit zu Hause ist. Denn konservativ war Hampstead nie, sondern immer Zentrum linksgerichteter politischer Ansichten. Eine der hübschesten Straßen hier ist der Flask Walk, der direkt von der High Street abzweigt und in den Well Walk übergeht. Erst geht es vorbei an einer bunten Mischung von Lädchen für Blumen, Bücher, Krimskrams. Und dann steht da eine Reihe weißer Häuser mit knallbunt gestrichenen Haustüren. Gelb, rot, blau. Typisch London. Hampstead ist übrigens eine besondere Fundgrube für die

→ Tipp: Holen Sie sich bei Oddono's auf dem Flask Walk ein leckeres Gelato.

BEAUTY
BOUTIQUE
DAYSPA
020 7431 9111
Oddono
gelati

charakteristischen blauen Gedenktafeln *(blue plaques)*, die in der gesamten Stadt an Hausfassaden zu finden sind und an bedeutende Frauen und Männer erinnern, die in den jeweiligen Gebäuden gelebt haben. In der Well Road, um die Ecke vom Flask Walk, ist es zum Beispiel Daphne du Maurier. In anderen Straßen John Constable, Robert Louis Stevenson und viele mehr.

Wildnis mit Stadtsicht

Östlich der Hampstead High Street liegt ein ungezähmtes Stück Natur, ein uraltes Stück Land, das schon im 1. Jahrhundert zum ersten Mal erwähnt wurde. Hampstead Heath ist mit keinem der Parks im Zentrum zu vergleichen. Über 320 Hektar zieht sich das Areal mit seinen hohen Graswiesen in Richtung Osten bis nach Highgate, mit einer Vielfalt an ländlichen Kulissen: Parliament Hill mit seinem sanft geschwungenen Grasland im südlichen Teil, der dichte Wald des West Heath oder der Landschaftsgarten um das Herrenhaus Kenwood im Norden. Von Parliament Hill aus hat man von rund 98 Metern Höhe einen einmaligen Blick auf die britische Hauptstadt. Selbst genervte Großstadtbewohner werden hier sentimental.

Im Nordwesten des Parks bildet ein kleines Netzwerk isolierter Straßen im Vale of Health ein dorfähnliches Viertel. Der Essayist Leigh Hunt empfing hier regelmäßig Schriftsteller und Dichter wie John Keats (1759–1821). Der große Romantiker lebte von 1818 bis 1820 in einem Haus (heute ein Museum) in der Nähe des Heath. Nördlich vom bewaldeten West Heath liegt mit dem Hill Garden eine kleine Geheimecke des Parks. In dem Garten, der für das nahe gelegene Hill House angelegt wurde, klammern sich in einem verwunschenen Pergola Walk Pflanzen an dorische Säulen. Ein toller Kontrast zu den wuchtigen Bäumen des West Heath.

Bekannteste Sehenswürdigkeit des Heath ist das prachtvolle klassizistische Kenwood House, das zumindest Fans des Films *Notting Hill* wiedererkennen werden. Die Szene, als der von Hugh Grant dargestellte Charakter über Kopfhörer anhören muss, wie seine Angebetete wenig Schmeichelhaftes über ihn zu sagen hat? Genau, das war hier. Besonders beliebt sind in den Sommermonaten die idyllischen, von Bäumen umringten Hampstead Ponds: Der Kenwood Ladies' Pond und Highgate Men's Pond am Highgate-Ende des Parks sowie auf der anderen Seite bei Hampstead der Mixed Bathing Pond für gemeinsames Schwimmen. Badengehen in Hampstead ist schon seit Jahrhunderten populär, und – nebenbei – auch im Winter möglich. Londoner sind abgehärtet. Was man für das schöne, aber unbeheizte Art-déco-Freibad Parliament Hill Lido am Südende des Parks auch sein muss. Wer eine Runde mitschwimmt, taucht so richtig in Nordlondon ein und nimmt besondere lokale Einblicke mit nach Hause.

↖ The Holly Bush: Hampsteads Bilderbuch-Pub ist weit weg von Großstadtlärm.
← Statt langweiliger Ketten finden Sie in Hampsteads Seitengassen Schnickschnack und Trödel.
↗ Kenwood House: herrliche Kulisse für ein gepflegtes Picknick im Grünen

INFO

SPUREN DES MODERNISMUS

Neben den vielen georgianischen und viktorianischen Häusern hat in Hampstead auch der Modernismus seine Spuren hinterlassen. In 2 Willow Road, zwischen High Street und Heath, baute der ungarisch-britische Architekt Ernö Goldfinger (1902–1987), der für das Betonmonster Trellick Tower in Notting Hill verantwortlich zeichnet (s. Kap. 24), sein modernistisches Wohnhaus. Als es 1939 fertiggestellt wurde, war es hochmodern, und Besucher finden heute ein weitgehend konserviertes Gebäude, in dem Inneneinrichtung, maßgeschneiderte Möbel und eine Sammlung moderner Kunst die modernistische Philosophie des Architekten verkörpern. Gemeinsam mit seiner Frau Ursula war er in den 1930er-Jahren Teil einer Kreativgemeinde und Gruppe von Intellektuellen, die das abgelegene Dorf hoch über London zu ihrer Heimat auserkoren hatten (s. Kap. 50). Eine spannende Zeitreise!

MEHR INFORMATIONEN

www.nationaltrust.org.uk/visit/london/fenton-house-and-garden
www.cityoflondon.gov.uk/things-to-do/green-spaces/hampstead-heath
www.english-heritage.org.uk/visit/places/kenwood
www.nationaltrust.org.uk/visit/london/2-willow-road
www.parliamenthilllido.org

Bei Judy Green auf dem Flask Walk gibt es neben Blumen Gartenzubehör und Nettes fürs Haus.

50

ISOKON BUILDING

MODERNISTISCHE UTOPIE AUS BETON

Im Norden Londons steht unvermutet ein Stück Bauhaus: Das Isokon Building, heute eine Ikone des Modernismus, forderte in den 1930er-Jahren die konservativen britischen Vorstellungen von urbanem Wohnen heraus. Verantwortlich dafür sind ein visionäres Ehepaar und ein kanadischer Architekt. Designfreunde werden den futuristisch-eleganten Bau lieben.

Nur 2,5 Prozent aller denkmalgeschützten Gebäude in Großbritannien sind mit der Klassifizierung »Grade I« als »Bauwerke von außerordentlicher, teils internationaler Bedeutung« ausgezeichnet. Beispiele sind die St. Paul's Cathedral und das Royal Opera House. Weniger prominent, aber umso faszinierender sind die heute als Isokon Building bekannten Lawn Road Flats im Stadtteil Belsize Park rund zehn Minuten südlich von Hampstead Heath.

Frühe Version von Co-Living

Das weiße Gebäude weckt Assoziationen an einen Luxusliner und wirkt, inmitten klassischer Backsteinhäuser, im besten Sinne deplatziert. Gebaut wurde es 1934 von dem kanadischen Architekten Wells Coates für Molly und Jack Pritchard. Das Ehepaar hatte ursprünglich eine modernistische Villa geplant. Nach einem Besuch der Stuttgarter Weißenhofsiedlung entstand allerdings die Idee für die Lawn Road Flats: der erste aus Beton gebaute Apartmentblock in Großbritannien und ein frühes Experiment in städtischem gemeinschaftlichem Wohnen.

Die 32 *minimum flats*, in der Mehrheit 25 Quadratmeter große Einzimmerstudios, wurden für »junge berufstätige Männer und Frauen mit einem Jahreseinkommen von etwa 500 Pfund« konzipiert und kompakt ausgestattet. Gemeinschaftsbalkone sollten Interaktion fördern. Im hauseigenen Isobar-Restaurant als beliebtem Treffpunkt für die Haus-Community wurden Mahlzeiten serviert.

Die Lawn Road Flats wurden schnell zu einem Zentrum für modernistisches Denken und Design in London. Nachdem Bauhaus-Gründer Walter Gropius 1934 aus Nazi-Deutschland fliehen musste, zog er in die Lawn Road Flats ein. Im Folgejahr schlossen sich ihm Marcel Breuer und László Moholy-Nagy an. Damit lebten innerhalb eines Jahres nach seiner Fertigstellung drei Bauhaus-Meister in Molly und Jack Pritchards neuem Gebäude. Nicht nur das: Sie arbeiteten zudem für die von Pritchard gegründete Isokon Furniture Company, die bekannt ist für ihre Verwendung von Birkensperrholz, einem Material, das auch ein zentrales Ausstattungselement in den Isokon-Wohnungen ist.

Zu den bekanntesten Entwürfen des Unternehmens gehören der »Long Chair« von Breuer, und wer im September in London ist, kann diesen im Rahmen der »Open-House-Wochen« an Ort und Stelle im traumhaften Penthouse des Gebäudes (Wahnsinnsterrasse!) sehen, in dem das Pritchard-Ehepaar wohnte. Die Apartments sind alle bewohnt und daher den Rest des Jahres nicht zugänglich. Dafür gibt es eine hochinteressante kostenlose Galerie in der ehemaligen Garage, in der die Geschichte des Gebäudes und seiner Bewohner, darunter auch Agatha Christie und diverse KGB-Spione, mit originalen Ausstellungstücken aus den Apartments erzählt wird. Ein Jahreseinkommen von 500 Pfund reicht für diese heutzutage übrigens nicht mehr: 2023 stand eine der Wohnungen für 595 000 Pfund zum Verkauf …

INFO

LONDONER LIEBLINGSHÜGEL

Londoner lieben Parks und gute Aussichten. Knapp 20 Minuten südlich des Isokon Building bietet der Primrose Hill als nördliche Ausdehnung des Regent's Park beides. Der kleine Park, der dem umliegenden Stadtteil seinen Namen gibt, wurde 1842 eröffnet und ist nach dem 64 Meter hohen Hügel in seiner Mitte benannt. Von seiner Spitze hat man einen der besten Blicke auf das Zentrum Londons und das nördlich liegende Hampstead. Bei gutem Wetter liegen mit London Eye, Canary Wharf, Shard, Houses of Parliament, St. Paul's Cathedral und den Wolkenkratzern in der City viele der alten und neuen Londoner Wahrzeichen im Blickfeld. Tipp: Schlendern Sie auch über die Regent's Park Road, die östlich an Primrose Hill vorbeiführt. Sie bildet das Zentrum dieser charmanten Londoner Ecke mit kleinen Shops, Restaurants und Cafés.

MEHR INFORMATIONEN

www.isokongallery.org

← London ist immer gut für Kontraste: modernistischer Fremdkörper zwischen klassischen Backsteinhäusern.
↑ Der Hügel bleibt gleich, das Panorama ändert sich mit jedem neuen Wolkenkratzer, der in die Höhe wächst.

Nordlondoner Romantik im Hill Garden von Hampstead Heath

REGISTER

BILDNACHWEIS

Lookphotos: S. 6 u.r., 101 (Hemis), 8 u.l., 9 u.l., 10 l., 19 l., 55, 76, 104 o. (Franz Marc Frei), 11 l., 35 o.m. (Saga Photo), 21, 77, 90/91, 93 (robertharding), 41 u. (Avalon.red2), 44 (Elan Fleisher), 78 (Lukas Larsson), 103 (Photononstop), 110, 111 (ClickAlps).

Shutterstock: S. 4/5 (Piccia Neri), 6/7 o. (QQ7), 6 u.m. (Gimas), 7 u.l., 62 o., 130, 145 o.r. (Ron Ellis), 7 u.r. (pcruciatti), 8/9 o., 38, 42 (Chris Lawrence Travel), 8 u.m., 104 u., 155, 159 (Paolo Paradiso), 8 u.r. (Baloncici), 9 u.r., 135 (Christian Mueller), 10 r., 132 u. (DrimaFilm), 11 r., 58 (Cristian M Balate), 14/15, 92, 115 (Jono Photography), 16 o. (Petra Mezei), 16 l. (Macrovector), 17 l. (YUCALORA), 17 o.r. (elRoce), 18, 156 o., 157 u. (Magdanatka), 22/23 (IR Stone), 24 (DAWID DOBOSZ), 27 (Anibal Trejo), 28, 134 (Alex Segre), 31, 32 u., 33 o. (Chrispictures), 34 (Svet foto), 37 (Flar Foster), 40 o., 57 o., 59, 65, 106, 128 (cktravels.com), 41 o. (mcmc), 47, 147 (cowardlion), 48, 56 u., 81 (Alla Tsyganova), 49 (Page Light Studios), 50, 125 (Kiev.Victor), 51 (Minimalis Photography), 52/53, 64, 87 o., 89, 136, 157 (BBA Photography), 60, 71, 73, 116, 117 (William Barton), 69 (bigmagic), 72 (Alex Yeung), 79 (Andriy Blokhin), 83, 145 u.r. (Alexey Fedorenko), 84 (Boris-B), 86 o. (Pandora Pictures), 86 u. (Aylata), 88 (Apostolis Giontzis), 99 (John Gomez), 102 (Tupungato), 105 o., 122 u., 126 (chrisdorney), 105 u. (Mistervlad), 107 (JuliaST), 109 (Spiroview Inc), 112 (Chris Jenner), 114 (Pav-Pro Photography Ltd), 118/119, 140/141, 144 r., 160/161 (I Wei Huang), 121 (Robert Harding Video), 122 o. (Lois GoBe), 123 o. (eric laudonien), 123 u. (Fela Sanu), 124, 133 o. (Kevin Cole 44), 127 (Jamilya Khalilulina), 129, 137 (jean.cuomo), 132 o., 138 (AC Manley), 144 l. (Padmayogini), 144 m. (Meaning March), 145 o. (Claudio Divizia), 145 o.l. (Nigel J. Harris), 148 (Landscape Stock Photos), 150 (Joe Dunckley), 152 (LillaSam), 156 u. (Vicky Jirayu), 164/165 (Kate Shi).

Mauritius Images: S. 25 (Fotomaton), 32 o. (Jeff Gilbert), 36 (Hufton and Crow), 40 u., 45 (Stephen Chung), 43 (amer ghazzal), 70 (David Ball), 75 (Roberto Herrett), 80 (Nick Harrison), 87 u. (William Barton), 95 (Chris Lawrence), 98 (Johnny Jones), 108 (Vibrant Pictures), 113 Stephen Burrows), 133 u. (Julio Etchart), 139 (Roger Garfield), 146 (Steve Vidler), 151 (roger parkes).

Weitere: S. 6 u.l., 16 r., 17 u.r., 19 r., 26, 33 u., 35 o.l., o.r., u., 46, 56 o., 57 u., 62 u., 66, 67, 68, 74, 85, 142, 143, 145 u.l., 145 u.m., 149, 158 (Barbara Geier), 29 (Picture Alliance / Matt Crossick), 153 (Camden Art Centre / Nick Turner).

St. Paul's Cathedral: architektonisches Meisterwerk und eine der größten Kathedralen der Welt

DIE AUTORIN

Barbara Geier lebt als freie Autorin und Kommunikationsberaterin in London. Sie entdeckte London in ihrer Kindheit und findet die Stadt immer noch so faszinierend wie am ersten Tag: »Man kann hier jahrelang durch die Gegend laufen und entdeckt immer wieder Neues und Überraschendes. London als multinationaler Planet mitten in Europa ist voller Gegensätze, chaotisch und einfach grandios.«

IMPRESSUM

Verantwortlich: Maren Langendorff
Lektorat: Ewald Tange
Layout: Ewald Tange
Korrektorat: Christiane Gsänger

Kartografie: Huber Kartographie, Heike Block
Repro: LUDWIG:media
Herstellung: Alexander Knoll
Printed in Poland by CGS Printing

★★★★★

Sind Sie mit diesem Titel zufrieden? Dann würden wir uns über Ihre Weiterempfehlung freuen.
Erzählen Sie es im Freundeskreis, berichten Sie Ihrem Buchhändler, oder bewerten Sie bei Onlinekauf. Und wenn Sie Kritik, Korrekturen, Aktualisierungen haben, freuen wir uns über Ihre Nachricht an Bruckmann Verlag, Postfach 40 02 09, D-80702 München oder per E-Mail an lektorat@verlagshaus.de.

Unser komplettes Programm finden Sie unter

www.bruckmann.de

In diesem Buch wird aus Gründen der besseren Lesbarkeit das generische Maskulinum verwendet. Weibliche und anderweitige Geschlechteridentitäten werden dabei ausdrücklich mitgemeint, soweit es für die Aussage erforderlich ist.

Empfehlung der Redaktion
Sie sind auf der Suche nach weiterführender Literatur? Dann empfehlen wir Ihnen den Titel »Secret Citys England und Wales« von Jörg Berghoff.

Bildnachweis Umschlag: Blick in die mit aufwendigen Goldmosaiken verzierte Fitzrovia Chapel (mauritius images/VIEW Pictures/Hufton and Crow)
Umschlagrückseite: oben (v.l.n.r.): Streifzug durch die National Gallery; eine Pergola im Hill Garden von Hampstead Heath; grüne Oase im Richmond Park
unten: Die Statue of Jacob in Shad Thames an der Queen Elizabeth Street
Seite 4/5: Regent's Park im prachtvollen Frühlingsgewand

Die Deutsche Nationalbibliothek verzeichnet diese Publikation in der Deutschen Nationalbibliografie; detaillierte bibliografische Daten sind im Internet über http://dnb.d-nb.de abrufbar.

Infanteriestraße 11a
80797 München
ISBN: 978-3-7343-3010-0